用于国家职业技能鉴定

国家职业资格培训教程

GUOJIA ZHIYE ZIGE PEIXUN JIAOCHENG

餐厅服务员

（基础知识）

第2版

编审委员会

主　任　刘　康
副主任　张亚男
委　员　沈苏林　杨志霞　陈建华　马　进
　　　　徐桥猛　陈　蕾　张　伟

编审人员

主　编　徐桥猛　张新峰
编　者　陈春英　徐志伟　高品洁
主　审　沈苏林

中国劳动社会保障出版社

图书在版编目(CIP)数据

餐厅服务员：基础知识/中国就业培训技术指导中心组织编写. —2版. —北京：中国劳动社会保障出版社，2010
 国家职业资格培训教程
 ISBN 978-7-5045-8600-1

Ⅰ.①餐… Ⅱ.①中… Ⅲ.①饮食业-商业服务-技术培训-教材 Ⅳ.①F719.3

中国版本图书馆CIP数据核字(2010)第183692号

中国劳动社会保障出版社出版发行
（北京市惠新东街1号　邮政编码：100029）
出版人：张梦欣
*
北京市艺辉印刷有限公司印刷装订　新华书店经销
787毫米×1092毫米　16开本　8.5印张　147千字
2010年9月第2版　2021年11月第20次印刷
定价：19.00元

读者服务部电话：(010) 64929211/84209101/64921644
营销中心电话：(010) 64962347
出版社网址：http://www.class.com.cn

版权专有　　侵权必究

如有印装差错，请与本社联系调换：(010) 81211666
我社将与版权执法机关配合，大力打击盗印、销售和使用盗版图书活动，敬请广大读者协助举报，经查实将给予举报者奖励。
举报电话：(010) 64954652

前　言

为推动餐厅服务员职业培训和职业技能鉴定工作的开展，在餐厅服务员从业人员中推行国家职业资格证书制度，中国就业培训技术指导中心在完成《国家职业标准·餐厅服务员》（2009年修订）（以下简称《标准》）制定工作的基础上，组织参加《标准》编写和审定的专家及其他有关专家，编写了餐厅服务员国家职业资格培训系列教程（第2版）。

餐厅服务员国家职业资格培训系列教程（第2版）紧贴《标准》要求，内容上体现"以职业活动为导向、以职业能力为核心"的指导思想，突出职业资格培训特色；结构上针对餐厅服务员职业活动领域，按照职业功能模块分级别编写。

餐厅服务员国家职业资格培训系列教程（第2版）共包括《餐厅服务员（基础知识）》《餐厅服务员（初级）》《餐厅服务员（中级）》《餐厅服务员（高级）》《餐厅服务员（技师 高级技师）》5本。《餐厅服务员（基础知识）》内容涵盖《标准》的"基本要求"，是各级别餐厅服务员均需掌握的基础知识；其他各级别教程的章对应于《标准》的"职业功能"，节对应于《标准》的"工作内容"，节中阐述的内容对应于《标准》的"技能要求"和"相关知识"。

本书是餐厅服务员国家职业资格培训系列教程中的一本，适用于对各级别餐厅服务员的职业资格培训，是国家职业技能鉴定推荐辅导用书，也是各级别餐厅服务员职业技能鉴定国家题库命题的直接依据。

本书第1章由徐桥猛编写，第2章由王丽编写，第3章由高品洁编写，第4、5章由徐桥猛、陈春英编写，第6章由徐志伟编写，第7章由张新峰编写，徐桥猛负责统稿。

本书在编写过程中得到中国烹饪协会、江苏省职业技能鉴定中心、无锡商业职业技术学院、无锡市烹饪餐饮行业协会、南京金陵饭店集团、君来酒店集团等单位的大力支持与协助，在此一并表示衷心的感谢。

中国就业培训技术指导中心

目 录

CONTENTS 国家职业资格培训教程

第1章 职业道德 ……………………………………………………（1）
  第1节 职业道德基本知识 ……………………………………（1）
  第2节 餐厅服务员职业守则 …………………………………（14）
  思考题 …………………………………………………………（20）

第2章 餐厅服务礼仪 ………………………………………………（21）
  第1节 餐厅服务礼仪的概念与功能 …………………………（21）
  第2节 餐厅礼貌服务与服务礼节 ……………………………（28）
  第3节 餐厅服务人员语言艺术 ………………………………（30）
  第4节 用餐礼仪 ………………………………………………（38）
  第5节 饮食习俗与礼节 ………………………………………（42）
  第6节 宗教礼仪 ………………………………………………（50）
  思考题 …………………………………………………………（55）

第3章 餐厅服务心理与人际沟通 …………………………………（56）
  第1节 餐厅服务心理的概念与内容 …………………………（56）
  第2节 餐饮顾客消费心理 ……………………………………（58）
  第3节 餐厅人际沟通的作用和技巧 …………………………（63）
  思考题 …………………………………………………………（71）

第4章 饮食营养 ……………………………………………………（72）
  第1节 能量与宏量营养素 ……………………………………（72）

第2节　微量营养素 ……………………………………………（78）
　　第3节　水和膳食纤维 ……………………………………………（83）
　　第4节　平衡膳食 …………………………………………………（84）
　　思考题 ………………………………………………………………（89）

第5章　饮食卫生 …………………………………………………………（90）
　　第1节　食品污染概念、种类及其预防 …………………………（90）
　　第2节　食物中毒概念、种类及其预防 …………………………（93）
　　第3节　餐饮企业卫生管理要求 …………………………………（96）
　　思考题 ………………………………………………………………（101）

第6章　餐厅安全知识 ……………………………………………………（102）
　　第1节　公共场所安全常识 ………………………………………（102）
　　第2节　餐厅安全管理要求 ………………………………………（107）
　　思考题 ………………………………………………………………（114）

第7章　相关法律、法规知识 ……………………………………………（115）
　　第1节　《中华人民共和国劳动法》相关知识 …………………（115）
　　第2节　《中华人民共和国劳动合同法》相关知识 ……………（120）
　　第3节　《中华人民共和国食品安全法》相关知识 ……………（124）
　　第4节　《中华人民共和国合同法》相关知识 …………………（128）
　　第5节　《中华人民共和国消防法》相关知识 …………………（129）
　　第6节　《中华人民共和国消费者权益保护法》
　　　　　　相关知识 …………………………………………………（129）
　　思考题 ………………………………………………………………（130）

第1章 职业道德

第1节 职业道德基本知识

道德是人类社会特有的现象。为了维护劳动、生活的正常进行和社会生活的稳定，每一个社会成员均须遵循为人处世的行为准则，人们必须对相互之间的关系进行必要的调节，对个人的行为进行必要的约束。道德便是这种调节和约束的重要手段之一。餐厅服务员作为社会成员之一，要具备正确的职业道德修养，首先要了解和掌握职业道德的基本知识。

一、道德与职业道德

1. 道德

(1) 道德的含义

道德一词始于荀子《劝学》篇："故学至乎礼而止矣，夫是之谓道德之极"。意思是一个人学习了礼并按照它的要求去做，就具备了最高道德。在古代，"道德"主要是指调节人们相互关系的行为准则和规范，有时也指个人的思想品质、修养境界、善恶评价，以及泛指风俗习惯和道德教育活动。在西方古代文化中，"道德"一词起源于拉丁语"mores"，意思是风俗和习惯，也有规则、规范、行为品质和善恶评价等含义。

马克思主义伦理学认为，道德是由一定社会的经济关系所决定的特殊意识形态，是以善恶评价为标准，依靠社会舆论、传统习惯和内心信念所维持的、调整人们之间以及个人与社会之间的行为规范的总和。对道德含义可以从以下四个方面理解：

第一，道德是由一定社会的经济关系所决定的特殊意识形态。人类为了生存就必须从事生产劳动，要生产就必然会结成生产关系，因而形成了个人与他人、个人与集体、个人与社会的各种社会关系，也就产生了如何处理这些关系的态度和行为，以及对这些态度和行为的看法和评价问题。也就是说，社会经济关系决定了人们必然会产生一定的道德关系、道德观念和道德情感。道德深深地植根于社会经济关系的土壤之中。有什么样的经济关系，就必然会有什么样的道德。经济关系改变了，道德也会或迟或早地发生变化。在阶级社会中，道德具有鲜明的阶级性。

第二，道德是以善恶为评价标准来调节人们关系的行为规范。在社会生活中，人们经常对各种行为进行议论，说这种行为"好"，这种行为"道德高尚"，即是"善"；那种行为"坏""缺德"，即是"恶"。在阶级社会中，一个人的行为究竟是善还是恶，主要以自己所属阶级的阶级利益为判断标准。凡符合本阶级的利益或者符合从本阶级的利益中引申出来的道德准则和规范的行为，就是善；反之，就是恶。善恶是具体的，没有超阶级的、永恒不变的善恶标准。一般来说，善恶的客观标准，看其行为是否有利于社会的发展进步，是否有利于广大民众的利益。

第三，道德是依靠社会舆论、传统习惯和内心信念来调节人们之间关系的行为规范。道德作为调节人们之间关系以维持社会秩序的一种精神力量，需要通过社会舆论、传统习惯和人们的内心信念这几种道德评价方式发挥作用。社会舆论通过表扬和肯定一些良好的品行，批评、否定一些不良的品行，鼓励、制约或限制人们的行为，营造良好的社会道德风尚。传统习惯是人们在社会生活中逐步形成的习以为常的行为习惯和道德风尚。由于它源远流长，深入人心，并往往同民族情绪、社会心理交织在一起，因此，它具有稳定性、群众性和持久性等特点。内心信念是人们发自内心的对道德义务的真诚信仰和强烈的责任感，是人们对自己行为进行善恶评价的精神力量。具有高尚内心信念的人，做了合乎道德的事情，会感到"问心无愧"，得到精神的满足；做了不道德的事情，会感到"问心有愧"，自己谴责自己。可见，内心信念对人们主动选择和调整自己的行为具有重要作用。

第四，道德是调节个人与个人、个人与社会之间关系的行为规范。人是社会的人，人类的一切活动都是在社会中进行的。任何人要在社会中生活，就必须同他人、同社会发生这样或那样的联系，形成复杂的社会关系，产生种种矛盾。为了保障社会生活的正常进行，就必须对人们之间的关系进行调整，对人们的行为加以必要的约束。这种调整人们之间的关系，约束人们行为的手段，在原始社会是依靠维护氏族利益的风尚、习俗来实现的。随着阶级的出现，人类社会生活复杂化，调整人们相互关系的手段也随之复杂多样，出现了经济、政治、法律等调节手段。与此同时，在原始社会风尚、习俗的基础上根据一定阶级利益的要求，形成了以善恶评价为标准的，依靠社会舆论、传统习惯和内心信念等维持的行为准则和规范，这也就是调整人们之间以及个人与社会之间关系的道德。它具有不同于政治规范、法律规范的特点，是人类社会生活中的一种特有现象。

(2) 道德的特点

第一，特殊的规范性。如前所述，人们把握世界有三种形式，即科学的、艺术的和道德的形式。科学把握世界靠概念、规律的逻辑体系向人们提供关于真理和谬误对立的认识；艺术把握世界靠艺术形象向人们展现美和丑的形象；道德则是一种特殊的把握世界的形式，它是通过道德原则和规范向人们提供用善和恶来评价、调整人与人之间关系的准则和规范。当然，道德并不是与科学、艺术分离的，而总是把真、善、美（即科学、道德、艺术）的理想追求包括在自己的规范之中。道德的这种规范性，使它成为人们行为的不可替代的指南。

第二，独特的多层次性。由于社会生活中人们社会关系和道德关系的多层次性，人们对道德要求的多层次性，因而道德体系也就呈现出多层次的特点。历史上无论哪个阶级的道德体系中，总有一些高于现实生活的成分，即理想的成分。然而，各个阶级的道德体系中，除了有表示远大目标的、示范性的道德理想外，还有一些体现眼前道德要求的具体道德规范，如封建道德体系中除了道德理想外，还有忠、孝、仁、义、礼、智、信等具体规范。餐厅服务员职业道德修养在调节人们之间大量的、一般的道德关系时发挥了巨大作用。道德体系中的崇高道德理想规范与一般的具体道德规范，构成了道德的多层次性的特点。

第三，广泛的社会性。道德的广泛社会性主要表现在道德与人类社会生活共始终，存在于社会生活的各个领域，渗透于各种社会关系和人们的一切思想行为之中。道德不像政治法律这些意识形态只存在于阶级社会中，也不像宗教那样，到了共产主义社会就要消亡，而是在任何社会都是调整人们行为的主要精神力量，与人类社会共存亡。还有，道德在社会生活的各个领域都存在并发挥作用。无论是政治、经济、军事领域，还是法律、宗教、艺术领域，无论是人们的物质生活领域，还是人们的精神生活领域，都存在道德问题。另外，凡是存在人与人之间关系的地方，在其他行为规范如政治、法律规范发挥作用的同时，也总有道德关系在其中发挥着调节人们相互关系的作用。最后，道德还渗透于一切人的思想和行为之中，凡是具有理智的正常人总要掌握一定的道德观念，表现出这样或那样的道德行为。这些情况说明，道德具有广泛的社会性。

第四，更大的稳定性。道德与其他社会意识形态一样，随着社会经济关系的变化而变化，具有历史变动性。同时，它又有不同于其他社会意识形态的特殊的稳定性，变化的速度较慢。在我国，封建专制制度早已被推翻，但是，当今我国社会生活中一些人心灵上的偶像崇拜、特权思想、等级观念、家长作风等封建道德残余仍然存在，需要很长时间才可能消除，并最终失去其存在的根源。

(3) 道德与法律

了解什么是道德，还需要将其同上层建筑其他意识形态联系，特别需要将其同法律联系起来进行考察。因为道德与法律是使生活稳定的两种最重要的规范，从二者的关系中，我们可以进一步把握为什么道德是特殊的社会意识和行为规范。

1) 道德和法律的区别主要表现在以下三个方面：

第一，它们的产生条件和发展趋势不同。早在原始社会，就有道德的萌芽；产生了对立阶级之后，道德分离成对立的具有阶级性的道德，形成了不同的道德体系；到了共产主义社会，带阶级性的道德没有了，但还存在全人类的道德。法律准则是阶级社会的特有现象，它同国家政权联系在一起，国家消亡了，法律也就不存在了。

第二，它们依靠的力量不同。法律是统治阶级意志的表现，由国家立法机关制定，并由国家设立的检察院、法院、公安机关等强制力量执行，谁触犯了法律，就要受到法律的制裁。应该说，在法律面前人人平等。道德则不像法律那样具有强制性，它是依据一定的善恶标准，通过社会舆论、风俗习惯特别是人们的内心信念（主要是良心）来评价人们的行为，调节人们之间的关系。道德的主要特点是自觉自愿，谁违反了道德虽然要受到舆论的批评和内心的谴责，有一定的压力，但不像法律那样带有外在的强制性。

第三，它们产生作用的范围不同。尽管法律对人们违反道德的行为可以干涉，但只要这些行为没有达到触犯法律的程度，法律就无能为力。道德调节的范围，比法律广泛得多，凡是不道德的行为，不管法律制裁的还是不制裁的，道德都要进行谴责、干预。有些行为，如在车站、码头等地不排队上车、上船，在公共场所抽烟、喧闹，婚姻生活中喜新厌旧等不道德行为，没有触犯法律，法律不能制裁，但道德可以谴责、劝阻。但是，任何事情都有一个"限度"，超过一定"限度"，就可能走向反面。如在公共场所抽烟造成火灾，伤害了他人安全；有的人喜新厌旧破坏了他人的家庭和睦，导致了伤亡事故等，这就触犯了法律。在这种情况下，法律就要干预，道德也要谴责。在社会主义条件下，划清道德与法律的界限，对于正确处理两种不同性质的矛盾，维护社会主义法制的严肃性，加强对广大社会成员进行社会主义道德教育，都有重要意义。无疑，道德与法律的区别是显而易见的。但在同一个国家里，法律与统治阶级的道德在本质上是一致的，都体现了统治阶级的意志，同为维护统治阶级利益的工具。历史上的任何统治阶级，总是一方面用本阶级的道德为其法律作辩护，另一方面又用法律来维护和发展本阶级的道德。

2）道德和法律的联系主要表现在以下三个方面：

第一，在调节内容上相互渗透。有的道德规范就是法律规范，有的在内容上虽然没有直接重合，但却是共同体现的。我国宪法对公民提出的许多要求，也是社会主义道德规范的内容。如"保卫祖国，抵抗侵略，是每一个公民的神圣职责"；公民必须"保守国家秘密，爱护公共财产，遵守劳动纪律，遵守公共秩序，尊重社会公德"等。这些都是社会主义道德规范的内容。我国宪法关于公民权利和义务的规定，充分体现了人与人之间平等、男女平等、国内各民族平等的社会主义道德精神。

第二，在调节功能上相互补充。在维护统治阶级利益及其需要的社会秩序上，道德调节和法律调节虽然各司其职，各显其能，但又是相互补充、相互协调的。对于一些不能或不宜用法律来调节的行为，就用道德来调节；对于道德调节不了的行为，就用法律来调节。例如家庭生活中的父子关系，一般用道德调节，但当父子之间的矛盾到了用道德不能调节的时候，则需要用法律来调节。

第三，在调节的实施上相互支持。为了防范违法行为的发生，要加强道德教育；为了道德理想的实现，又由法律认可并积极促进。我国宪法中就有"在人民中进行爱国主义、集体主义和国际主义、共产主义教育"等规定。这样，通过法律的作用，就可以有效地改善人们的道德面貌，并在提高道德素质的同时，增强遵纪守法的自觉性。

道德与法律既相互区别又相互联系。因此，我们既要加强社会主义、共产主义道德教育，又要加强法制教育，这是建设社会主义现代化强国的极为重要的条件，二者不能偏废。

2. 道德的社会作用

道德一经形成，就以相对独立的形式对产生它的经济基础产生能动的反作用。一般来说，进步的、革命的道德，对经济基础的巩固和发展起促进作用，落后的、反动的道德，对经济基础起阻碍、破坏作用。具体来说，道德在社会发展中的作用表现在如下几方面：

(1) 教育作用

在阶级社会中，各个阶级都通过道德的宣传教育，教育本阶级成员并影响对立阶级的成员，使他们按照本阶级的道德原则和道德规范约束自己的行为，尽量达到自觉的程度，即在"个人的意识中把它们设想为使命"。道德的教育作用，在我们的社会里十分重要。这是因为，剥削阶级的腐朽思想包括旧伦理道德的残余，仍在社会上存在，对人们特别是青少年产生腐蚀作用。在新的历史条件下，拜金主义、享乐主义、个人主义的腐蚀，正是少数人走上邪路的重要思想根源。因此，大力提倡社会主义道德，发挥道德的教育作用，目的之一就是为了消除剥削阶级道德观念的影响，坚持正确的道德观和价值观。

(2) 调节作用

人们总是在一定的社会集中生活，时刻都发生个人之间以及个人同社会集体之间的关系，发生各种经济利益的矛盾。为此，就要求有一定的准则来调节，即要求人们在个人利益同集体利益之间进行必要的节制，以便保证社会集体关系能够基本协调一致，保证人们共同生活的正常运转。新的经济基础和政治制度建立起来以后，由它产生的道德又以自己的特有形式去谴责不利于新经济基础的行为，促进它的巩固和发展。

3. 职业道德的含义和特点

人的社会生活可以分为三大领域，即家庭生活、职业生活和公共生活。职业生活是社会生活不断向前发展的生命线。人的一生有近半时间是在职业生活中度过的，职业生活是人的最基本的实践活动。因此，职业道德是构成整个社会道德的重要组成部分，也是个人道德的重要内容。

(1) 职业的产生与含义

所谓职业，就是人们在社会生活中，对社会所承担的一定的职责和所从事的专门业务。每种职业一经产生，社会就赋予它一定的社会责任。从社会的角度看，每一种职业对于社会的存在和发展具有特殊的意义和作用；从个体的角度看，每一个职业劳动者不但要参加一定的职业活动，以维持自身的存在，又要履行个人对社会的职责。总之，职业生活既是人类社会存在和发展的最基本的社会组织形式，又是个体存在和发展的基本条件，或者说是个人价值的实现。职业作为一种社会现象，它是与社会分工和生产内部的劳动分工相联系的。由于社会分工越来越细，所以，社会生活中的各种职业也就越来越多。

(2) 职业道德的含义和特点

职业道德与人们的职业生活紧密地联系在一起，它是从职业活动中引申出来的。所谓职业道德，就是指从事一定职业的人们在职业生活中所应遵循的道德规范以及与之相适应的道德观念、情操和品质。职业道德是同人们的职业活动紧密联系的。由于从事某种特定职业的人们，有着共同的劳动方式，受到共同的职业训练，因而，往往具有共同的职业理想、兴趣、爱好、习惯和心理特征，结成某种特殊的关系，形成特殊的职业责任和职业纪律，从而产生特殊的行为规范和道德要求。

职业道德是一般社会道德或阶级道德在职业生活中的特殊要求，又带有具体职业或行业的特征。职业道德的特点有以下几点：

一是范围上的有限性。职业道德表现在走上社会开始工作的成年人的意识与行为中，而不表现在儿童和未走上社会的青少年中；它往往只对从事本职业的人们适用，而对从事其他职业的人们不适用，从事其他职业的人们遵守的是他们所属行业的职业道德。

二是内容上的稳定性和连续性。由于职业分工有相对稳定性，与其相适应的职业道德也就有相对的稳定性和连续性，它往往表现为世代相袭的职业传统，形成人的比较稳定的职业心理和职业习惯。

三是形式上的多样性。职业道德的形式，因行业而异。由于多种多样的表现形式，与不同职业的具体条件和从业者的接受能力相适应，因此容易实行，有助于人们形成良好的道德习惯。

4. 职业道德的社会作用

职业道德的社会作用往往因职业道德特点的变化而改变，社会主义职业道德也因出现了不同于以往社会职业道德的特点，其社会作用相应发生变化，出现了以往的职业道德所不具有的社会作用。

（1）有利于建立新型、和谐的人际关系

在以私有制为基础的社会制度中，职业道德所调节的是私人利益的主体之间的关系，即私人业主、私人企业与作为私人利益主体的个人之间的关系。进入社会主义社会，随着以公有制为主体社会制度的建立，人与人之间的关系，不再是利益互相冲突的关系，人们有了共同的经济利益，有了共同的理想，有了共同奋斗的目标，使得人与人之间关系发生了根本性的变化，大家都成为国家和社会的主人，都在为国家的繁荣昌盛、人民幸福富裕而辛勤劳动。劳动的性质由此发生质的变化，劳动既是为自己，即谋生，也是为他人、为社会。职业道德的作用在于调节根本利益一致的社会主义建设者之间的关系，作为人民一分子的个人与个人之间的关系，以及个人与国家、集体之间的关系等新型人际关系。

私有制下的劳动虽有社会性，但是这种社会性只具有间接性质。它对于劳动者来说,是意识不到的,是一种异己的客观规律的表现。劳动者的直接目的是为了个人谋生,是为自己追求交换价值,所以这种劳动是私人劳动,其职业道德所调整的关系,也是私人之间的关系。

(2) 有利于调节党和政府与人民群众的关系

在私有制社会,大部分行业都是私人开办的。因此,除了政府官员、公务人员外,绝大多数人的职业行为都是一种私人行为。其职业道德的好坏,只关系到从业者所在职业的组织形象的好与坏,影响到个别职业组织与社会公众的关系,而不会对政府的形象产生直接影响,更不会直接影响到政府与社会公众的关系。

在社会主义条件下,不仅政府部门工作人员职业道德的好坏直接影响到党和政府的形象,由于绝大多数企事业单位也是国家设立的,其从业人员的职业道德好坏也直接影响党和政府的形象,直接影响党和政府与人民群众的关系。这种调节作用,是社会主义公有制条件下所产生的特有功能。

(3) 有利于规范各行各业的行为,促进生产力的发展

生产力中人是第一活跃的因素。人的精神状态、人的职业道德水平的高低,对生产力水平的提高是至关重要的。从业人员具有了较高的职业道德水准,就能充分发挥主观能动性和创造性,从而大大地提高劳动生产率,促进经济的发展。从业者在生产经营活动中经济利益的驱动固然不可忽视,但绝不是唯一的动力因素,甚至不是最主要的因素,这已是被无数事实所证明了的客观存在。因此,职业道德的作用以及所产生的巨大精神动力是发展经济的优势之一。

在私有制条件下,社会的职业道德维护的是私人利益,与社会利益与整个社会的发展不发生直接关系。而社会主义职业道德所维护的经济利益中,只有一小部分是私人业主的利益,绝大部分是社会整体的利益与社会的发展直接发生关系。因此,社会主义条件下的职业道德发挥着前所未有的社会作用。小到各行各业内部的职业道德和规则,大到全社会各行各业共同遵循的职业道德原则和规范,都有力地促进了各行各业的发展。

(4) 有利于提高全民族的道德素质,促进全社会道德风貌的好转

职业活动是个人一生中的主要生活内容,人生价值、人的创造力以及对社会的贡献是通过职业活动得到实现的。职业是个人与社会交往的交汇点,职业行为是个人与社会进行交往联系的基本方式。所以人在职业行为中的道德表现就成为一个人道德生活的主要组成部分,人的品德表现就成为一个人道德生活的主要组成部分,人的品德、精神境界、价值观念也主要是通过职业活动体现出来,并充分展示出一个人总的精神风貌和道德情操。因此,职业道德修养就成为整个人格修养的重要组

成部分。职业岗位是培养人格的最好场所,也是表现人格的最佳场所。全社会各行各业的从业人员都注重职业道德品质修养,必然会提高全民族的道德素质,从而带动全社会道德风貌的好转。

此外,人的情感是相互传染的。高尚的道德情感可以以一种示范姿态,通过人与人的关系,传递给自己的职业对象,从而使自己的职业对象感到心情舒畅、愉快,并把这种情感体验转化为自己的行为,再传递给其他职业工作者。如此往复,在全社会营造良好氛围,形成一种气势,全社会的道德风貌在人们的彼此影响和感化之下,在党和国家共同倡导下必然会有一个较大提高。

二、社会主义职业道德规范

社会主义职业道德是社会主义道德原则在职业活动中的体现,是社会主义社会从事各种职业的劳动者都应遵守的职业行为规范的总和。它建立在公有制的基础之上,又与以往的旧职业道德发生联系。社会主义职业道德的基本原则是集体主义,其核心是全心全意为人民服务。它既含有过去职业道德的内容,又有其自身的鲜明特点。社会主义职业道德基本规范为爱岗敬业、诚实守信、办事公道、服务群众、奉献社会。

1. 社会主义职业道德的基本特征

社会主义职业道德是适应社会主义经济关系和建设事业的客观要求产生的,是在社会主义道德原则、规范指导下形成和发展起来的,是在批判继承历史上优秀的职业道德传统的基础上发展起来的。社会主义职业道德有着历史上职业道德所不曾有的特征。

第一,社会主义职业道德是建立在以公有制为主体、多种所有制经济共同发展基础之上的。社会主义以前的社会形态,除原始社会外,都是以生产资料私有制为基础的社会,在那里,社会职业道德既是对生产资料私有制、对私有制的职业关系的反映,也是由私有制的生产关系、职业关系所制约和决定的,职业生活不可避免地带有自私自利的色彩,职业道德原则是利己主义、个人主义原则。在社会主义社会,由于生产资料公有制在所有制关系中占主体地位,社会主义职业活动的根本目的是为了满足人民群众日益增长的物质和文化生活需要,因而国家利益、职业集体的利益和个人的利益是一致的。社会各行业之间以及人与人之间的关系是平等竞争关系,也是相互协作、相互服务的关系,这就决定了社会主义职业道德的根本原则是集体主义原则,是全心全意为人民服务。

第二,社会主义职业道德是社会主义道德的组成部分,是社会主义道德在职业生活中的具体体现。社会主义道德是一个完整的规范体系。从纵的方面来看，它包括社会主义道德的基本原则、社会主义道德规范和社会主义道德范畴等。从横的方面看，它包括社会生活的三大领域，即婚姻家庭美德、职业道德和社会公德。可见，社会主义职业道德是社会主义道德的一个组成部分。尽管社会主义职业道德是在职业活动中形成的，但它没有离开社会道德而单独存在。社会主义职业道德也是社会主义道德原则和规范在职业生活中的具体体现。例如，社会主义商业道德要求商业工作人员对顾客热情主动，服务周到，诚实守信，买卖公平，童叟无欺等，这些都是"爱人民"这一社会主义道德规范的具体体现。此外，无论是党和国家机关的职业道德，或者是医务人员道德、教师道德等，无一不是社会主义道德规范在这些职业领域的具体化。

第三，社会主义职业道德达到了道德理论与道德实践相结合的高度自觉性。在私有制社会里，由于职业活动中占主导地位的是剥削与被剥削、雇佣与被雇佣的关系，被剥削者与被雇佣者在履行职业道德要求时，往往是被迫践行，难以出于自觉。不同行业之间也往往互相利用、互相倾轧。在社会主义职业生活中，每一职业内部和不同行业之间尽管存在着竞争关系，但人们有着共同的利益、共同的理想和共同的目标。为了维护个人利益、社会集体利益，人们必须履行职业道德规范，从而使社会主义职业道德的践行具有高度的自觉性。

2. 社会主义职业道德的社会作用

第一，社会主义职业道德是推动社会主义现代化建设的重要精神力量。社会主义现代化是亿万人民共同努力完成的事业，需要各行各业分工协作。社会主义职业道德规定了各种不同职业的人们在现代化建设中所应承担的道德责任，遵守职业道德纪律，维护职业荣誉，树立职业理想。一个劳动者一旦形成了相应的职业道德观念，增强了职业义务感、良心感、荣誉感，就能努力钻研业务，提高工作能力和工作效率，从而发挥自己的社会主义积极性、创造性，自觉地为社会主义现代化建设贡献力量。

第二，社会主义职业道德能够促进社会生活的稳定。社会主义社会就像一架庞大的"机器"，各行各业构成它的有机整体。每一种职业、每一项工作，都和社会的其他职业发生直接或间接的关系，同整个社会生活相联系。从事各种职业的人，如果都讲职业道德，自觉地按照道德的要求去处理各种职业关系，正确行使职业权利，努力履行职业义务，也就有利于形成良好的社会风气，有利于社会的稳定发展。在一个行业复杂、关系密切的社会集体中，特别是与他人发生直接交往的过程中，大家都遵守职业道德规范，讲文明礼貌，待人诚实，守信用，办事认真负责而不敷衍塞责，就会使大家的生活和工作得到可靠保障，创造有利条件。实际上，遵守职业道德不是单方面的义务，而是互相尽义务，是"我为人人，人人为我"的新型人际关系。因此，社会各行各业的人们普遍地遵守职业道德，也就有利于社会的和谐发展。

第三，社会主义职业道德是促进劳动者自我完善，培养社会主义新人的重要途径。社会主义新人是有理想、有道德、有文化、有纪律的全面发展的人。这种新人的造就固然需要家庭、学校的教育，但主要还是在职业生活实践中培养。职业道德是人们职业生活的指南，是促进人们自我完善的必要条件。一个人的能力有大小，但只要遵循职业道德要求，全心全意为人民服务，就可以使自己成为有价值的人。总之，职业道德指导人们在职业实践中逐步形成高尚的品质，是培养社会主义新人的重要途径。

3. 社会主义职业道德的基本规范

《公民道德建设实施纲要》中明确指出"要大力倡导以爱岗敬业、诚实守信、办事公道、服务群众、奉献社会为主要内容的职业道德，鼓励人们在工作中做一个好建设者"。由此可见，我国现阶段各行各业普遍适用的一般职业道德规范应是：爱岗敬业，诚实守信，办事公道，服务群众，奉献社会。

（1）爱岗敬业

爱岗敬业要求每一位从业人员要认真对待自己的岗位，对自己的岗位职责负责到底，无论在任何时候，都尊重自己岗位的职责，对自己岗位勤奋有加。爱岗敬业是人类社会最为普遍的奉献精神，它看似平凡，实则伟大。

一份职业、一个工作岗位，都是一个人赖以生存和发展的基础保障。同时，一个工作岗位的存在，往往也是人类社会存在和发展的需要。所以，爱岗敬业不仅是个人生存和发展的需要，也是社会存在和发展的需要。爱岗敬业应是一种普遍的奉献精神。只有爱岗敬业的人，才会在自己的工作岗位上勤勤恳恳，不断地钻研学习，一丝不苟，精益求精，才有可能为社会、为国家作出崇高而伟大的奉献。爱岗敬业是平凡的奉献精神，因为它是每个人都可以做到的，而且应该具备的；爱岗敬业又是伟大的奉献精神，因为伟大出自平凡，没有平凡的爱岗敬业，就没有伟大的奉献。

（2）诚实守信

诚实，即忠诚老实，就是忠于事物的本来面貌，不隐瞒自己的真实思想，不掩饰自己的真实感情，不说谎，不作假，不为不可告人的目的而欺瞒别人。守信，就是讲信用，讲信誉，信守承诺，忠实于自己承担的义务，答应了别人的事一定要去做。忠诚地履行自己承担的义务是每一个现代公民应有的职业品质。

现在胡锦涛总书记讲的"八荣八耻"中就提到了"以诚实守信为荣，以见利忘义为耻"。诚实守信是社会主义新时期的需要，人人都应以诚实守信为荣。

(3) 办事公道

所谓办事公道是指从业人员在办事情、处理问题时，要站在公正的立场上，按照同一标准和同一原则办事的职业道德规范。办事公道是在爱岗敬业、诚实守信的基础上提出的更高一个层次的职业道德的基本要求。

要做到办事公道，首先要热爱真理，追求正义。办事是否公道关系到一个以什么为衡量标准的问题。要办事公道就要以科学真理为标准，要有正确的是非观，公道就是要合乎公认的道理，合乎正义。不追求真理、不追求正义的人办事很难会合乎公道。其次，要坚持原则，不徇私情。只停留在知道是非善恶的标准上是不够的，还必须在处理事情时坚持标准、坚持原则。为了个人私情不坚持原则，是做不到办事公道的。最后，要不谋私利，反腐倡廉。俗话说："利令智昏"，私利能使人丧失原则，丧失立场。从古至今有多少人拜倒在金钱的脚下，拿了人家的钱就要替人家办事，那是无法做到办事公道的。因此，只有不谋私利，才能光明正大，廉洁无私，才能主持正义、公道。另外，要不计个人得失，不怕各种权势。

(4) 服务群众

服务群众是指从业人员在职业活动中要全心全意为人民服务。为人民服务是职业道德的灵魂，在服务过程中要做到热心、耐心、虚心、真心，一切从群众的利益出发，为群众排忧解难，为群众出谋划策，提高服务质量。在社会主义社会，每个从业人员都是群众中的一员，既是为别人服务的主体，又是别人服务的对象。每个人都有权享受他人的职业服务，同时又承担着为他人提供职业服务的义务。

在服务群众过程中，首先要树立服务群众的观念。由于目前我国社会主义尚处于初级阶段，生产力水平较低，人们的生活水平较低，思想觉悟参差不齐，每个从业人员从事劳动的目的，多半是为谋生，为他人服务的观念较淡薄，因此，要做到服务群众，必须首先树立服务群众的观念。其次要做到文明服务。文明服务，要求从业人员在履行自己所承担的职业义务时对他人、对社会表现出较高的思想道德和文化素质，坚持正义、从善如流、谈吐文雅、举止大方、主动周到。最后要勇于向人民负责。随着市场经济的发育和完善，它要求人们树立服务群众的责任意识。这种责任意识更多的是对人民群众利益的关注，是对人民应负的责任。由于社会主义市场经济以开发并满足人们需要为着眼点，在处理人与人、人与社会利益关系上，形成了一种"利人者也利己，损人者必自损"的经济理念。市场经济主体的自我利益与社会利益是统一的，对自我负责与对社会负责是一致的。但是，由于人们的认识受到利益相关度的影响和制约，人们对自身利益的责任感往往要强于对社会利益的道德责任感。在这种情况下，广大从业人员必须正确认识社会利益，勇于向社会负责，向人民负责。

（5）奉献社会

所谓奉献，就是不期望等价的回报和酬劳，而愿意为他人、为社会或为真理、为正义献出自己的力量，包括宝贵的生命。奉献社会不仅有明确的信念，而且有崇高的行动，强调的是一种忘我的全身心投入精神，是全心全意为人民服务的最高境界。

奉献社会，是社会主义职业道德的最高要求。它要求从事各种职业的个人努力为社会多作贡献，为社会整体长远的利益，不惜牺牲个人的利益。因此，它也是一种高尚的社会主义道德规范和要求。

奉献社会是指从业人员要把自己的全部智慧和力量投入到为社会、为集体、为他人的服务中去。它是集体主义职业道德原则的最高体现，是各行各业都必须遵守的职业道德基本规范。

奉献社会不只是一句口头禅，而应该落实在行动上。当别人有困难的时候，我们能伸出援助之手，有钱的出钱，有力的出力，帮助有困难者渡过难关；当祖国和人民需要我们的时候，我们能挺身而出，不惜为祖国、为人民而献身。奉献社会并非都是轰轰烈烈的大事，我们所做的事无论大小，只要有益于国家、有益于党的事业、有益于人民，就是伟大的奉献。只有这样，党和国家、人民群众的利益才不会受到损害，国家才能安定团结，社会才能发展进步。

第 2 节　餐厅服务员职业守则

餐厅服务人员职业道德是职业道德的一种形式，它是一般社会道德在职业活动中的特殊体现。服务员职业道德是在服务人员的劳动过程中产生和发展起来的，是服务人员处理和调节服务活动中人与人之间关系的特殊道德要求，因为它与餐厅服务活动的特点紧密相连，因而，有着与其他职业道德不同的要求。

一、热情友好，宾客至上

餐厅服务员是直接面对顾客的一线服务人员，服务态度的好坏直接影响到餐厅的服务质量。热情友好是餐厅真诚欢迎客人的直接体现，是服务人员爱岗敬业、精技乐业的直接反映，其具体要求是：

1. 谦虚谨慎、尊重顾客

服务工作的特殊性要求服务人员必须虚心礼让，小心谨慎，始终把顾客放在首要位置。服务员要学会在态度上尊重别人，在礼仪上尊重别人。只有在心理上有尊重别人的想法，才可能做出尊重别人的行动。

2. 热情友好、态度谦恭

热情是一种素质，服务员热情待客是餐厅优质服务的体现，更是优秀服务员的品质表现。谦恭是一个人内在品德和修养的高度表现，它不因学问博雅而骄傲自大，也不因地位显赫而处优独尊，服务员持有谦恭的态度服务顾客，是服务的内在要求。

3. 乐于助人、牢记宗旨

为每一位顾客服务是服务员的宗旨，在服务过程中帮助顾客及一切需要帮助的人，是服务员的职业本能。

4. 遵循道德、规范行为

道德是衡量行为正当与否的标准。服务员在服务过程中的一言一行体现了自身的道德水准，按照职业道德要求规范自身行为，优质服务才有保证。

二、真诚公道，信誉第一

诚实守信是经营活动的第一要素，是服务人员首要的行为准则。它是调节顾客与餐厅之间、顾客与服务人员之间和谐关系的杠杆。只有兼顾餐厅利益、顾客利益和服务人员利益三者之间的关系，才能获得顾客的信赖。其具体要求是：

1. 宣传推荐、真实有效

言行一致是真诚和信誉的基本要求，服务员在宣传产品、推荐菜点时要本着实事求是的态度，不夸大其辞、不弄虚作假，以真正赢得顾客的信赖。

2. 信守承诺、履行职责

在服务过程中，餐饮企业和服务员一经书面或者口头答应某服务事项，就必须说到做到，忠实遵守。说一套、做一套、失信于顾客的经营方法必然失去顾客，失去市场。

3. 童叟无欺、合理收费

因人而异，乱涨价、乱收费是不道德的行为，物有所值是真诚公道的体现，也是餐饮企业着眼未来，可持续发展的保证。

4. 诚实可靠、拾金不昧

诚实显示着一个人的高度自重和内心的安全感与尊严感。把顾客遗失的物品及时交还顾客，体现了餐饮企业、餐厅服务员的尊严，必定会赢得顾客的尊重。

5. 坚持原则、实事求是

原则是说话或行事所依据的法则或标准。在服务过程中，服务员必须坚持服务规范和标准，坚持一视同仁，坚持在规定范围内提供优质服务。弄虚作假、违法乱纪的行为反映了餐饮企业和服务员的道德败坏，也必将受到法律应有的惩罚。

6. 规范服务、有错必纠

规范是服务行为的定性标准，餐饮企业根据自身经营的需要，制定了服务规范，既是对顾客的承诺，也是对服务员的要求。只有执行了服务规范，服务质量才有保证，只要纠正了服务差错，服务质量才会提高。

三、文明礼貌，优质服务

文明礼貌、优质服务是餐饮行业主要的道德规范和业务要求，是餐厅服务员职业道德的一个显著特点，其具体要求是：

1. 仪表整洁、举止大方

仪表整洁是文明的标志，更是对顾客的尊重。举止不俗气，不做作，堂堂正正，给顾客以真实感和安全感，使服务更能够被顾客肯定和接受。

2. 微笑服务、礼貌待客

微笑是发自内心的，微笑不单单是一种表情，更是一种感情。它赋予企业浓厚的人情味，对培育企业精神和塑造企业形象起着潜移默化的作用。中国是世界闻名的礼仪之邦，好礼、有礼、注重礼仪是中国人立身处世的重要美德。微笑、礼貌成为优质服务的开始。

3. 环境优美、设施完好

优美的环境给人以舒适感，满足了顾客追求美感的需求，帮助顾客产生优质服务的联想。完好的设施设备是餐厅经营活动的基本要求，是服务质量的有形体现。

4. 尽职尽责、快捷稳妥

顾客感受每一位服务员的每一个服务细节，感受着服务时间和节奏带来的满足，产生服务满意结果。完成好每一项服务细节，满足顾客快捷的饮食心理需求是服务员的基本职业要求。

四、安全卫生，出品优良

安全卫生是餐厅提供服务的基本要求，我们必须本着对顾客高度负责的态度，认真做好安全防范工作，杜绝食品卫生隐患，保证顾客的人身安全。另外，良好的出品质量是我们为顾客提供优质服务的前提和基础，也是服务人员职业道德的基本诉求。

服务员在服务工作中要重视安全、杜绝隐患。为顾客提供安全的进餐环境、安全的菜点是餐饮企业经营活动最重要的工作。每一位服务员必须树立安全第一的思想，为顾客的一切安全着想，防止任何不安全因素的存在，并积极消除一切安全隐患；要讲究卫生为先，饮食卫生是餐饮企业的生命线，提供清洁卫生的食品是对顾客的尊重和负责，也是每一位服务人员应尽的责任；要把握质量，确保出品优良，餐饮企业的出品是赢得顾客的最重要的因素，服务员一方面要把握有形出品的质量关，不让劣质菜点出品上桌；另一方面要在出品服务上下工夫，热情、及时、周到地为顾客提供进餐服务，以保证餐饮出品质量达到有形和无形的完美统一。

五、团结协作，顾全大局

团结协作，顾全大局是餐厅经营管理成功的重要保证，是处理同事之间、岗位之间、部门之间、上下级之间以及局部利益与整体利益之间、眼前利益与长远利益之间相互关系的行为准则。其具体要求是：团结友爱同事，正确处理好上下级之间的关系，尊重同事；在工作过程中要密切配合，在工作上、生活上互相支持，虚心向先进学习，主动帮助同事共同进步；要发扬风格，在困难面前不退缩，在荣誉面前不争功；一切从餐饮企业的大局出发，形成和谐、合作的良好工作环境。

六、遵纪守法，廉洁奉公

遵纪守法，廉洁奉公是服务人员正确处理个人与集体、个人与国家关系的行为准则，既是国家法律法规的强制要求，又是职业道德规范的要求，其具体要求是：自觉遵守国家的法律和法规、餐饮企业的各项规章制度，并在工作过程中身践力行；在工作过程中要牢记岗位职责，按照企业的规定、规范、规程处理每一件工作，不贪图个人便宜、不损害集体利益，弘扬正气、抵制歪风邪气。自觉维护团队和国家的形象，不做损害集体的事情，不出现影响国格的行为。

七、培智精技,学而不厌

提高自身素质,提高业务技能,是针对服务人员的不可缺少的基本规范之一,是服务员搞好本职工作的关键。其具体要求是:树立远大的理想和奋斗目标,脚踏实地、真抓实干,在工作过程中锻炼自己,不断丰富自己的知识和才干,不断提升自己的餐厅服务技能和服务艺术。360行,行行出状元,餐厅服务人员要找准定位、勤学苦练,一定能实现自己的人生价值。

八、平等待客,一视同仁

满足顾客受欢迎、受重视、被理解的需求是餐厅优质服务的基础。因此,要求每位员工必须对顾客以礼相待,决不能因为社会地位的高低和经济收入的差异而使顾客得到不平等的接待和服务,要坚决摒弃"衣帽取人,看客下菜"的陈规陋习。平等待客,一视同仁作为服务人员的道德规范,就是尊重顾客的人格和愿望,主动热情地去满足顾客的合理要求,使顾客处在舒心悦目、平等友好的氛围中。其具体要求做到:贵宾与普宾一样、内宾与外宾一样、华侨与外宾一样、东西方宾客一样、新客与常客一样、不同肤色客人一样。在一视同仁的前提下要做到:照顾先来的顾客,照顾外宾与华侨、港澳台顾客,照顾贵宾与高消费的顾客,照顾常住顾客与老熟顾客,照顾黑人和少数民族顾客,照顾妇女儿童和老弱病残顾客。

九、餐厅服务员良好职业道德的培养

要培养良好的职业道德,需要从职业认识、职业情感、职业信念、职业行为和职业习惯五个方面着手进行。也就是在不断提高职业认识的基础上,逐步加深职业情感,磨炼职业意志,进而坚定职业信念,养成良好的职业习惯和行为,达到具有高尚职业道德的目的。

提高职业认识,就是按照职业道德的要求,深刻认识自己所从事职业的性质、地位和作用,明确服务对象、操作规程和应达到的目标,认识自己在职业活动中应该承担的责任和义务,以提高热爱本职工作的自觉性。

培养职业情感,就是在热爱本职工作的基础上,从高处着想,低处着手,一点一滴地培养自己对本职工作的感情,不断地加深对自身职业的光荣感和责任感。

磨炼职业意志,就是要求从事职业活动和履行职业职责的服务人员,在对顾客提供优质服务的过程中,努力锻炼自己,用坚强的意志去克服和解决各种矛盾,处理好内外的人际关系。

坚定职业信念，就是要求不同岗位上的服务人员，干一行，爱一行，专一行，在工作中出类拔萃，为实现职业的理想而坚持不懈地努力。

职业习惯和行为是在职业认识、情感、意志和信念的支配下所采取的行动。经过反复实践，当良好的职业行为成为自觉的行动而习以为常的时候，就形成了职业习惯。

以上各个因素之间，是相互联系、相互作用、相互促进的，只有发挥所有职业因素的作用，才能达到具有高尚的职业道德的目的。

 相关链接

全国餐饮业职业道德规范

（中烹协［2002］22号）2002年9月16日

为了在全国餐饮业贯彻落实党中央"三个代表"的重要思想和《公民道德建设实施纲要》，及国家经贸委《关于进一步加强商业职业道德建设的意见》的精神，弘扬中华饮食文化树立行业诚实守信的风范，加强行业的规范与自律，提高行业的整体素质和社会形象，更好地为广大消费者服务，促进我国餐饮业的健康发展，中国烹饪协会依据国家有关法律和行业法规，特制定全国餐饮业职业道德规范。

一、严格遵守国家法律和行业法规，自觉执行国家有关政策。餐饮企业要自觉遵守国家《食品卫生法》和《餐饮业食品卫生管理办法》等相关部门颁布的有关法律法规。企业开业应符合《餐饮业开业条件和技术要求》的行业标准，不使用一次性发泡塑料餐具，拒绝加工和出售国家规定保护的动植物等，遵纪守法，合法纳税，树立良好的社会信誉与形象。

二、确保食品卫生安全，推行绿色餐饮，切实保障消费者的身体健康。菜点制作和就餐服务要执行卫生规范，保证卫生安全，经营放心健康的食品。要通过推进全国餐饮绿色消费工程的深入开展，严把卫生品质环保的各个环节，做到合法渠道进货，不进假冒伪劣商品，避免就餐事故的发生，保持店堂环境的卫生、干净与整洁，垃圾与废弃物妥善处理等，为广大消费者创造一个放心消费、健康消费的优良环境，满足人民群众的消费要求，维护消费者的利益。

三、实行明码标价，做到价格公平和物有所值。对供应的产品品种和服务项目要全部实行明码标价，公开明示，做到定价公平、项目完整、货真价实和物有所值，强化"顾客至上"和"以信兴业"的经营思想，杜绝价格欺诈、牟取暴利或低价竞销等行为。

四、强化管理，优质服务，培育品牌和信誉。要加强企业管理规章和管理体系的建立，严格监督执行。牢固树立全心全意的服务宗旨，主动热情和规范地做好服务工作。同时要不断地开拓创新，推动科技进步，完善服务内容，不断提升管理与服务水平，倡导民主管理和文明经商，争创名牌企业和信誉企业。

五、建立职业经理人制度，提高行业人员队伍素质。要与国际接轨，由中国烹饪协会建立和开展餐饮业职业经理人制度，促进企业的规范化和科学化进程。要在行业和企业中加大道德教育与业务培训的工作力度，做到思想品德素质与技术业务素质的共同提高，崇尚尊师爱徒、比学赶帮的风尚，造就一批重诚信、高素质的人才队伍，更好地促进行业与企业的进步与发展。

六、开展公平竞争，追求诚信第一。把"以德经商"和"诚信为本"作为企业的经营理念，在竞争中坚持公平、平等和诚信的原则，反对恶性竞争。要自觉遵守和履行合同，禁止任何不实宣传，禁止侵害他人信誉和权益，与职工、顾客、供应商等各方建立友好的公平信用关系，防止不良纠纷。要以诚信为本，取信于人。

七、推进宴席改革，倡导科学健康消费。中国烹饪协会继续坚持推进宴席改革，倡导科学健康消费，进一步改变传统饮食的不良习俗，推进文明就餐、适量点菜、够吃正好、营养膳食和健康消费的工作，推行小份菜品，避免浪费，有效地引导顾客合理点菜与科学消费，使我国宴席改革不断走向深入。

八、建立行业信用档案，加强行业监督与自律。发挥中国烹饪协会和各地行业协会的组织、协调和自律作用，建立餐饮行业和会员企业的信用体系，逐步建立会员和企业的不良记录和信用档案，制定奖惩措施，完善评价机制，加强行业诚信监督和自律，共同推进我国餐饮业的职业道德建设。

思考题

1. 简述职业道德的含义和特点。
2. 简述道德和法律的关系。
3. 简述职业道德的社会作用。
4. 社会主义职业道德的基本规范包括哪些内容?
5. 餐厅服务员做到"热情友好,宾客至上"的具体要求有哪些?
6. 餐厅服务员如何做到"文明礼貌,优质服务"?
7. 联系实际谈谈如何培养和提高餐厅服务员的职业道德修养。

第2章 餐厅服务礼仪

第1节 餐厅服务礼仪的概念与功能

礼仪是指人们在社会交往中由于受历史传统、风俗习惯、宗教信仰、时代潮流等因素影响而形成,既为人们所认同,又为人们所遵守,以建立和谐关系为目的的各种符合交往要求的行为准则和规范的总和。礼仪是在人际交往中,以一定的、约定俗成的程序、方式来表现的律己、敬人的过程。涉及穿着、交往、沟通、情商等内容。总而言之,礼仪就是人们在社会交往活动中应共同遵守的行为规范和准则。从个人修养的角度来看,礼仪可以说是一个人内在修养和素质的外在表现。从交际的角度来看,礼仪可以说是人际交往中适用的一种艺术、一种交际方式或交际方法,是人际交往中约定俗成的示人以尊重、友好的习惯做法。从传播的角度来看,礼仪可以说是在人际交往中进行相互沟通的技巧。

随着现代社会餐饮服务业日益发展,人们与餐饮业的联系越来越多,对其服务水平的要求越来越高,餐饮业的服务礼仪是服务质量、服务态度的直接表现,其中餐厅服务水平更是餐饮业服务水平的缩影,讲究礼仪更为重要。

一、餐厅服务礼仪的概念

1. 服从与服侍

(1) 服从

在我国古代礼仪中,"服从"是秩序,更是伦理。西方人也常视服从为美德。

在现代餐饮服务过程中，也形成了一些约定俗成的服务服从信条，如"顾客永远是对的""把面子给顾客，放弃自我""永远不可能与顾客平等""永远不要辩解"等。另外，还有一些服务语言属于禁止的服务语言，如"这不是我们的责任""我们规定""你不懂""你错了"；任何情况下都不可回答不知道、不清楚、不明白等。

（2）服侍

在现代餐饮服务中，"服侍"有时被解释为"照顾"，是主体（服务人员）对客体（顾客）的一种行为。这种行为的结果既要取得顾客的满意，又要对顾客有所尊重。服侍的标准：让顾客满意。如服务人员在服务过程中，通过察言观色和双向沟通，了解顾客的期望；通过个性化的服务和增值服务超越顾客期望。除此之外，还要做到尊重顾客隐私；在服务过程中未经顾客允许，不随意翻动、挪动和扬弃顾客的物品。

2. 合理安排劳务

在餐厅中，服务的生产和消费是同时进行的，需求波动性的存在是必然的。顾客的特点是随机到达，并且想立即得到服务。如果顾客到达时，所有的服务能力都已经被占用，那么顾客就需要耐心地排队等待。针对这一情况，服务员需要重视服务效率，提高服务语言艺术，为顾客积极营造消除心理等候的环境。

3. 注重礼节

礼节是人们在交往时，表示相互尊敬的惯用形式，如在交际场合相互表示尊敬、问候、祝颂、慰问以及给予必要的协助与照料等。不同的国籍、不同的场合，表现的礼节不同，如中国古代的跪拜、作揖，现代的握手、敬礼，一些国家的人们在见面时拥抱、双手合十、接吻等表现形式，都是礼节的具体表现形式。作为餐厅服务员在服务过程中特别应注重握手礼节和鞠躬礼节。

（1）握手礼节

握手起源于古代。在"刀耕火种"的原始社会，人们用以防身和狩猎的主要武器就是棍棒和石块。传说当人们在路上遭遇陌生人时，如双方都无恶意，就放下手中的东西，伸开双手让对方抚摸掌心，以示亲善。这种表示友好的习惯沿袭下来，成为今天的握手礼。

现代人握手，除表示友好、亲近外，还表示见面时的寒暄和告辞时的道别信号以及对他人的感谢或祝贺等。握手应注意方式，握手时双眼要注视对方，右臂自然向前伸出，与身体成 50°～60°角。手掌向左，掌心微向上，拇指与手掌分开，其余 4 指自然并拢并微向内弯曲。握手时，除年老体弱和残疾人外，一定要站着。男性同女性握手要等女性先伸手之后再握，一般只握女方手指部分，不宜太紧、太久。

(2) 鞠躬礼节

鞠躬礼节是人们在生活中用来表示对别人的恭敬而普遍使用的一种礼节。它适用于庄严肃穆或喜庆欢乐的仪式，也适用于一般的社交场合。此外，还有拥抱、亲吻、举手、致意、合十、脱帽、作揖等礼节，这些都是人们在相互交往中的礼节形式。礼节是指一种形式上的，比较细节化的小的方面，但也就是这小的方面有时会让你在众人面前无地自容，甚至在一些比较重要的社交场合出丑，这会关系到个人的形象、单位的形象。

4. 形象要素

形象即员工形象，是指餐饮业员工的技术素质、文化水平、职业道德、精神风貌和仪表装束给社会的整体印象。影响餐饮业形象的因素，除了视觉可见的商标等有形物，更重要的是企业从上到下一致的心理认同。几乎每一个员工在特定的场合都代表着企业的形象，如接电话、接待顾客，甚至在其朋友或邻居面前的举止言谈，是大方得体，还是粗俗不堪，对企业是满怀信心、充满自豪，还是心灰意冷、怨声不断……所有这些无疑都会影响到餐饮业的整体形象。

(1) 员工外表形象要素

员工外表是形象展现的首要途径，也是传递企业形象的重要渠道。规范而又极富内涵的员工形象不仅有利于营造和谐的工作氛围，更是一个企业内在风范的展现。它包括以下几个方面：外貌是一个员工本身的一个重要因素，适当的外貌修饰可以给公众带来不一样的感受，这主要表现在员工的化妆中；服饰的得体关系着员工给公众的印象，起着重要的作用，无论在什么样的场合，什么样的时间都要时刻注意自己的服饰是否得体；员工的一言一行都是企业形象的重要表现，动作礼仪是否规范也是员工形象的一个主要要素，当然员工的人格、品德、对工作的态度、处世的原则都会给公众带来影响，公众也会对此做出适当的评价。

(2) 员工内在形象要素

员工内在形象要素可以说是员工形象的一个真实反映，员工的内在形象要素可以分为以下几个方面：

首先，是员工的创新能力，这是在当今这个社会必须具备的，只有不断地创新才能给企业带来竞争的优势。

其次，就是员工的业务能力。业务能力包括两个方面，一是一般能力，是指每个员工都应该具备的能力；二是专业能力，指的是员工在企业发展中所具有的独特能力。

再次，员工必须具有一定的心理调适能力，即心理调试能力、心理承受能力和洞悉他人的能力。心理调试能力是指员工在遇见一些情感的波动时，能够尽快适应，并做出适当的反应。心理承受能力则是指员工在遇见突发状况时能够承受。洞悉他人的能力，是指能够通过观察他人举动，理解他人行为，做出恰当的反应。

最后，就是员工的组织能力，这是企业中的管理者所必须具有的，具有良好的组织能力才能更好地带领其他员工向企业的发展目标前进。

二、餐厅服务礼仪的功能

礼仪的功能主要表现在以下几个方面：

1. 尊重功能

尊重的作用即向对方表示尊敬、表示敬意，同时对方也还之以礼。礼尚往来，有礼仪的交往行为蕴涵着对彼此的尊敬。

2. 约束功能

礼仪作为行为规范，对人们的社会行为具有很强的约束作用。礼仪一经制定和推行，久而久之便形成为社会的习俗和社会行为规范。任何一个生活在某种礼仪习俗和规范环境中的人，都自觉或不自觉地受到该礼仪的约束，自觉接受礼仪约束的人是"成熟的人"的标志，不接受礼仪约束的人，社会就会以道德和舆论的手段对其加以约束，甚至以法律的手段加以强迫。

3. 教化功能

礼仪具有教化功能，主要表现在两个方面：一方面是礼仪的尊重和约束作用。礼仪作为一种道德习俗对全社会的每个人都有教化作用，都在施行教化；另一方面，礼仪的形成、礼仪的完备和凝固，会成为一定社会传统文化的重要组成部分，它以"传统"的力量不断地由老一辈传递给新一代，世代相继、世代相传。在社会进步中，礼仪的教化作用具有极为重大的意义。

4. 调节功能

礼仪具有调节人际关系的功能：一方面，礼仪作为一种规范、程序，作为一种文化传统，对人们之间相互关系模式起着规范、约束和及时调整的作用；另一方面，某些礼仪形式、礼仪活动可以化解矛盾、建立新关系模式。可见，礼仪在处理人际关系中、在发展健康良好人际关系中，发挥了重要作用。

三、仪容、仪表、仪态

1. 仪容

仪容指一个人的容貌,包括五官的搭配和适当的发型衬托。餐厅服务员的仪容要求可概括为:

(1) 仪容自然美

仪容自然美指仪容的先天条件好,天生丽质。尽管以相貌取人不合情理,但先天美好的仪容相貌无疑会令人赏心悦目,感觉愉快。

(2) 仪容修饰美

仪容修饰美指依照规范与个人条件,对仪容施行必要的修饰,扬长避短,设计、塑造出美好的个人形象,在人际交往中尽量表现出自己的风采。

(3) 仪容内在美

仪容内在美指通过努力学习,不断提高个人的文化、艺术素养和思想、道德水准,培养出自己高雅的气质与美好的心灵,使自己秀外慧中,表里如一。

真正意义上的仪容美,应当是上述三个方面的高度统一。忽略其中任何一个方面,都会使仪容美失之于偏颇。

在这三者之间,仪容的内在美是最高的境界,仪容的自然美是人们的心愿,而仪容的修饰美则是仪容礼仪关注的重点。要做到仪容修饰美,自然要从修饰入手,修饰仪容的基本规则是美观、整洁、卫生、得体。对餐厅服务员的具体要求是:男服务员不留大鬓角,后面的头发不能长到衣领,不留胡须,常修面;女服务员的头发不可长到披肩。只能化淡妆,不准佩戴任何首饰,不准留长指甲、涂指甲油,不得喷刺激性的香水。

2. 仪表

仪表是一个人精神面貌的外观体现,主要包括人的容貌、服饰、个人卫生等,重点是容貌和服饰。人的仪表美往往与他的思想道德品质、生活情调以及文明程度有关系,也就是说一个人的仪表可以表露出这个人的内在修养。仪表美通过人的言谈举止、待人接物以及社交能力展现出来,对仪表美的要求是:

(1) 适体美

适体美是指一个人的仪表要与他的年龄、体形、肤色、个性、气质、职业、身份等相适宜,表现出一种和谐,这种和谐能给人以美感。对不同年龄的人来说应体现出不同的风格。青年应着力展示青春风采,淡淡妆饰可以体现出自然之美和个性之美;中年应力求突出成熟风韵,妆饰柔和、服饰优雅,能体现出成熟之美;老年则宜适当创造高雅稳重、深沉理性的睿智之美。不同体形、不同肤色的人应考虑到扬长避短,选择合适的服饰,力求突出体形优点,淡化体形缺陷。对于个性气质不同的人,可以通过妆饰、着装展示其个性,以期获得外在仪表美与内在精神美的和谐。

(2) 整体美

在仪表修饰上应将人视作一个整体,考虑各修饰部位的局部,促成妆饰、着装、佩饰三者之间及其与人自身诸多因素之间协调一致,浑然一体,营造出整体风采。妆饰的整体美是指面部、颈部及手等局部化妆色调、化妆线条、化妆质感和化妆风格要给人以整体的美感。着装的整体美是指服装本身的色彩、图案、款式、质料和风格等方面与人体相匹配,造就一种和谐的统一。佩饰的整体美是要求同时佩戴几种饰品时,要在色调、光泽、材质、形态、寓意和风格上取得相应的协调与一致。仪表的整体美感就是要让所有的修饰效果造就一种和谐的美。

(3) 适度美

在仪表的修饰上无论是修饰程度,还是在饰品数量和修饰技巧上都应把握分寸,自然适度,追求雕而无痕的效果。修饰是为了突出人的外在美,是为个体气质服务的,而不是本末倒置。美与丑仅一步之遥,过分修饰、刻意装点不仅不会使人产生美感,还会给人留下庸俗的印象。饰品意在点缀,恰到好处的点缀似点睛之笔,如锦上添花,但若不节修饰,珠翠满头反而给人轻浮浅薄、庸俗不堪的感觉。修饰一定要把握分寸,仪表不修饰不好,修饰过度更不好,应做到符合职业特点,既雕琢又似自然天成。

要求餐饮服务人员在工作时间着规定的制服,衣服要整齐干净,注意保持衣服袖口、领口处的清洁。衣服应扣的扣子要扣好,衣服的衬里不可露出,不要挽袖子卷裤腿。要佩戴标志卡。男、女服务员均要求穿深色皮鞋,袜子颜色要略深于皮鞋颜色。

3. 仪态

仪态指人在行为中的姿态、风度和举止。餐饮服务人员每天都要和顾客打交道,服务人员良好的仪态是风度和气质的表露,具体来说包括站、坐、行走,总的要求是站有站姿,坐有坐相,行走自然优美,端庄稳重,落落大方。餐厅服务人员的站姿应是端庄、挺拔,体现出优美和典雅。坐姿要端正,表现出高贵和娴雅。步态应轻盈、稳健。一般要靠道路右边行走,不能走中间。不可跑步,不可与顾客抢道。接待顾客时,手势的运用要规范和适度,手势不宜过多,动作不宜过大。如为顾客指点方向时,应采用"直臂式",请顾客进入时,应采用"横摆式"等。手势的运用要和面部表情及身体各部分协调配合，以免显得生硬，给顾客造成误解。

这里着重介绍站立姿态和行走姿态。

(1) 站立姿态

优美而典雅的站立姿态是服务员仪表美的起点和基础。站立姿态的基本方法和要求是：站立时要立正站好，从正面看，两脚跟相靠，脚尖开度为45°~60°，身体重心线应在两腿中间，向上穿过脊柱及头部，身体重心主要靠双脚掌、脚弓支撑，双腿并拢立直；挺胸、收腹，双肩平，自然放松；双臂放松，自然下垂于体侧或双手放在腹前交叉，左手放在右手上；双目平视前方，下颌微收，嘴微闭，面带笑容。

除以上基本方法和要求外，男女服务员的站姿有些差异，主要体现在：

男服务员：左脚向左横迈一小步，两脚之间距离不超过肩宽，以20 cm左右为合适，两脚尖向正前方，身体重心落于两脚间，身体直立。双手放在腹部交叉，挺胸、收腹。

女服务员：双脚大致呈"V"字形，脚尖开度为50°左右，右脚在前，将右脚跟靠于左脚内侧前端，身体重心可落于双脚上，也可落于一只脚上，通过变化身体的重心来减轻长久站立的疲劳。双手交叉于腹前。

站立时要防止身体重心偏左或偏右，站立时间长久太累时，可变换为稍息的姿势，其要求是：身体挺直，身体重心偏移到左脚或右脚上；另一条腿微向前屈，脚部肌肉放松。

(2) 行走姿态

餐厅服务员在工作时，经常处于行走的状态中。有些服务员由于诸多方面的原因，在生活中形成了各种各样不良的行走姿态，或多或少地影响了人体的动态美感，所以，应通过对服务员的正规训练，使他们学会正确优美的行走姿态，并运用到工作场合中去。

行走姿态的基本方法和要求是：身体正直，抬头，眼睛平视，面带微笑，肩部放松，手臂伸直放松。手指自然弯曲。双臂自然前后摆动，摆动的幅度为35 cm左右，双臂外开不要超过20°。行走时身体重心稍向前倾，重心落在双脚掌的前部，腹部和臀部要向内提，由大腿带动小腿向前迈进，脚尖略开，脚跟先接触地面，着地后保持身体重心送到脚掌，使身体前移。行走路迹要成为直线，而不能走出两条平行线。步速和步幅也是正确行走姿态的重要要求，由服务工作的性质决定，服务员在行走时要保持一定的步速。步速即行走速度，以一分钟为单位，男服务员约走110步，女服务员约走120步，较好的步速反映出服务员主动积极的工作态度，是顾客乐于看到的。步幅是每走一步前后脚之间的距离。餐厅服务员在餐厅行走不要步幅过大,服务员经常手持物品来往于餐厅和厨房之间,过大的步幅会引起人体角度加大,容易发生意外。另外,步幅过大再加上较快的步频,容易让人产生一种蹿的感觉。男服务员的步幅在 40 cm 左右为宜,女服务员的步幅在 30 cm 左右即可。

第 2 节　餐厅礼貌服务与服务礼节

一、礼貌与礼节的概念

礼貌是人与人之间在接触交往中,相互表示敬重和友好的行为,它体现了时代的风尚与人们的道德品质,体现了人们的文化层次和文明程度。礼貌是一个人在待人接物时的外在表现,这种表现是通过仪表、仪容、仪态以及语言动作来体现的。一个人傲气十足、出言不雅、动作粗俗、衣冠不整就是对他人没有礼貌。有礼貌的人待人恭敬,热情大方,行为举止显得很有教养。

礼节是人们在日常生活中,特别是在交际场合中,相互问候、致意、祝愿以及表示相互尊重的惯用形式,礼节是礼貌的具体表现。

礼貌、礼节之间是相互联系、相互制约、相辅相成的。有礼貌而不懂礼节,容易失礼。有时某些人虽然对他人有恭敬、谦虚之心,但在与人交往时却显得手足无措,或因礼节不周而使人觉得尴尬;还有一种人虽懂礼节,但在施礼时却缺乏诚意,这些都是因为没有真正理解礼貌、礼节的含义。讲究礼貌、礼节,既不能机械模仿,也不能故作姿态。礼貌、礼节是一个人内在素质的外现,礼貌、礼节必须是发自内心的,是内在素质与外在表现的协调统一。

二、礼貌在餐厅服务工作中的表现

1. 遇到带小孩的顾客用餐时

应把小孩带到远离主通道的地方,并马上为小孩取一张儿童凳。把易破损的餐具、杯具、花瓶等摆在远离桌边的位置,送饮料时须配备吸管。为顾客分汤时,汤碗应放在小孩家长的右手边,避免小孩直接接触。餐厅应适当准备一些小玩具,以稳定小孩的情绪。

2. 顾客问的菜式，服务员不懂时

此时，服务员应诚恳地向顾客说："对不起"，并请顾客稍等一下。然后请教同事或管理人员，及时地向顾客解答。不可回答顾客说："不知道"。

3. 两台顾客同时需要服务时

此时，服务员要做到既要热情、周到，又要忙而不乱。服务员要给那些等待的顾客以热情、愉快的微笑，在经过他们桌子时应跟他们打个招呼："我马上就来为您服务"或"对不起，请稍等一会儿"，这样会使顾客觉得他们并没有被冷落和怠慢。

4. 顾客提出食物变质要求取消时

此时，服务员应该耐心聆听顾客的意见，并向顾客致歉。把食物立即撤回厨房，由餐厅经理和厨师长检验食物是否真的变质。若食物确已变质，立即给顾客免费赠送类似的菜肴，或帮顾客退掉。若食物并未变质，应由餐厅经理出面向顾客解释该食品的原料、配料、制作过程和口味特征等。

5. 顾客投诉食物里有虫子时

此时，服务员应马上向顾客道歉，即刻将食物退下，送回厨房并通知餐厅经理来处理此事，以征求顾客谅解。主动为顾客取消该菜，并赠送一份同样的食物。

6. 服务中不小心把食物或饮品溅在顾客身上时

在上菜和上饮品的时候，服务员要礼貌地提醒顾客，以免不小心把菜汁和饮品溅在顾客的身上。若不小心溅在顾客的身上，服务员要诚恳地向顾客道歉，并立即设法替顾客清理，必要时免费为顾客把衣服洗干净。

7. 餐厅即将收档，但还有顾客在用餐时

这时要更加注意对顾客的服务，在整理餐具时要轻拿轻放，不可发出响声。到了临收档时，应询问顾客是否还需要点菜。不可用关灯、吸尘、收拾餐具等形式来催促顾客，应留下专人为顾客服务。

8. 顾客把吃剩的食品、饮料留下并要求服务员代为保管时

此时，服务员应礼貌地向顾客说明食品饮料容易变质，最好能尽快消费掉。建议并协助顾客打包，让顾客带走。

三、餐厅服务员服务礼节

1. 笑脸迎顾客，自然大方并亲切问候："您好，欢迎光临！请问一共几位?"如果是男女结伴而来，应先问候女宾，再问候男宾。对老幼残顾客，应主动上前照料。

2. 根据顾客的不同情况把他们引入座位。如重要顾客光临，应把他们引领到餐厅中最好的位置；夫妇、情侣就餐，应把他们引领到安静的角落位置；全家、亲朋好友聚餐，应把他们引领到餐厅合适的位置；老幼残顾客就餐，应把他们安排在出入比较方便的位置。安排座位应尽量满足顾客的要求，如果该座位已经被先到的顾客占用，服务员应解释致歉，求得谅解，推荐其他令顾客较满意的座位。

3. 顾客走近餐桌，服务员应按先女宾后男宾，先主宾后一般顾客的顺序用双手拉开椅子，招呼顾客入座；顾客曲膝入座的同时，轻轻推上坐椅，使顾客坐好、坐稳。并为顾客送上茶水，切忌用手接触茶杯杯口。

4. 适时主动恭敬地递上菜单，不能随意将菜单扔在桌上。顾客点菜时要耐心等候，不能催促，让顾客有考虑的时间。点菜时，拿好纸、笔随时记录。如顾客犹豫不决，服务员应当好参谋，热情介绍菜肴品种和特色。应注意语言艺术，礼貌委婉，不要勉强或硬性推荐，以免引起顾客反感。如顾客点的菜已经无货供应，应礼貌致歉，求得谅解。如顾客点的菜，菜单上没有，不要拒绝，可以说："请允许我与厨师商量一下，尽量满足您的要求。"顾客点菜时，服务员应面带笑容，上半身略微前倾，身体不能靠在餐桌边，不能把手放在餐桌上，要认真倾听，准确记录，避免出错。

5. 有儿童就餐，可给儿童加上小凳，方便儿童入座。

6. 顾客不慎掉落餐具，服务员应迅速为其更换干净的餐具，不能在顾客面前一擦了事。

第3节　餐厅服务人员语言艺术

一、语言艺术

语言是人类敞开心扉的交流形式，是人类搭架心灵桥梁的快捷方式，是人类情感交集的抒发模式，是人类释放悲喜的表达公式。在餐饮服务过程中，如何运用语言这门深奥的哲学，完善地运用餐饮服务语言艺术，遵循餐饮服务规则，是一门深内涵、高层次的学问，也是提高餐饮服务质量的关键因素所在。

1. 餐饮服务用语形式要求

（1）恰到好处，点到为止

服务不是演讲也不是讲课，服务人员在服务时只要清楚、亲切、准确地表达出自己的意思即可，不宜多说话，而是要启发顾客多说话，让他们能在这里得到尊重，得到放松，释放自己心理的压力，尽可能地表达自己消费的意愿和对餐厅的意见。

（2）有声服务

没有声音的服务，是缺乏热情的，是冷冰冰的，是没有魅力的。因而在服务的过程中，服务员不能只有鞠躬、点头，而没有问候；只有手势而没有语言的配合。

（3）轻声服务

传统服务是"吆吼服务"，鸣堂叫菜、唱收唱付；而现代服务是轻声服务，要为顾客保留一片宁静的天地。因而服务人员不能在远处招呼、应答。要求做到三轻：即说话轻、走路轻、操作轻。

（4）清楚服务

一些服务人员往往由于腼腆，或者普通话说得不好，在服务过程中不能向顾客提供清楚的服务，造成顾客的不满。特别是报菜名，经常使顾客听得一头雾水，不得不再问。这就妨碍了主客之间的沟通，耽误了正常的工作。因而必须在服务语言的规范化上加上清楚这一条。

（5）普通话服务

一个品牌企业在服务语言上，应该要求以普通话服务。即使是因为地方风味和风格突出的餐厅，要采用方言服务才能显现出个性，也不能妨碍正常的交流。这一类的餐厅服务员也应该会说普通话，或者要求领班以上的管理人员会说普通话。

2. 餐饮服务用语程序要求

在程序上对服务语言作出相应的要求，有利于检查和指导服务员的语言规范性。

（1）顾客来店有欢迎声。

（2）顾客离店有道别声。

（3）顾客帮忙或表扬时，有致谢声。

（4）顾客欠安或者遇见顾客的时候，有问候声。

（5）服务不周有道歉声。

（6）顾客呼唤时有回应声。

二、服务语言的分类及其运用

1. 称谓语

例如:"小姐、先生、夫人、太太、女士、大姐、大哥、阿姨、同志、师傅、老师"等,已知顾客职务的可以职务相称。

语言的处理:

(1) 在没有得到正确的顾客信息的情况下,对一般男性称先生,女性可根据年龄称女士或小姐。

(2) 变通

例如,明明知道母亲和女儿一起来用餐,既称女儿为小姐,又称她的妈为小姐,就不太恰当,这时就应该称妈妈为阿姨或女士了。有一定身份的女士来用餐,称她为小姐分量就不够了,这时就可以称其为老师或女士。有身份的老顾客第一次来用餐,称其为先生是对的。但是如果已经知道他们的职务,再称他为先生就不恰当了。在平时接待工作中一般不称顾客为同志、书记,但如果是会议包餐,称同志、书记又变得合理起来。在餐厅里有时会遇见喝醉酒说胡话,或无理取闹的顾客,这时再称其为先生,他可能不买账,因为这样称呼显得很生分。如果这时称其为大哥,就拉近了关系,这些人最讲哥们关系,也许这样称呼一下就平息了他的"怒气"。

2. 问候语

例如:"先生,您好!"

"早上好/中午好/晚上好!"

"圣诞快乐/国庆好/中秋好/新年好!……"

要求:

(1) 注意时空感

问候语不能都是"先生,您好!"一句话。应该让顾客有一种时空感。不然顾客听起来就会感到单调、乏味。餐厅要注意研究这个问题,以提高问候语的质量。

(2) 把握时机

问候语应该把握时机,一般在距离顾客1.5 m的时候问候最为合适。对于距离较远的顾客,只宜微笑点头示意,不宜打招呼。

(3) 配合点头或鞠躬

对顾客光有问候没有点头或鞠躬的配合,是不太礼貌的。

(4) 不能首先说"请问您几位?""请问您用餐吗?"

在顾客进入餐厅的一瞬间，许多餐厅服务员习惯问："先生，请问您几位？""先生，请问您用餐吗？"这是很不礼貌的。就像去百货公司买东西，售货员首先问"买不买？""买点什么？"一样，让人很不舒服。只宜表示欢迎，然后说"先生请随我来！"

3. 征询语

征询语确切地说，即是征求意见的询问语。

例如："先生，您看现在可以上菜了吗？"

"先生，您的酒可以开了吗？"

"先生，这个盘子可以撤了吗？"

"小姐，如果您不介意，我把您的座位调整一下好吗？"

使用征询语要注意以下几点：

（1）应该把征询语当做服务的一个程序，不要先做了再打招呼

征询语是服务的一个重要程序，如果省略了它，会产生服务上的错乱。例如，顾客已经点了菜，服务员不征询顾客："先生，现在是否可以上菜？""先生您的酒可以开了吗？"就自作主张将菜端上来，将酒打开。这样，顾客可能会很不高兴，因为顾客或许还在等其他重要客人，或者还有一些重要谈话没有结束。开酒之前，服务员不要把酒标对着顾客，请示顾客是否可以开酒，因为顾客有时会有主权易位的感觉。

（2）注意顾客的形体语言

顾客东张西望的时候，从座位上站起来的时候或者招手的时候，都是用自己的形体语言表示或暗示他有想法或者要求了。这时，服务员应该立即走过去，征询说："先生/小姐，请问我能帮您做点什么吗？"

（3）要用协商的口吻

如有一次，一对情侣到一个餐厅用餐，可是这时餐厅内已经没有双人小桌了，服务员就将顾客安排到大圆桌上用餐。但是过一会儿，又来了八位客人，这时却没有大圆桌了，临窗的小方桌倒是空了出来。于是服务员就简单地对圆桌上的两位顾客说，"你们二位请到窗边小方桌去坐好不好？他们人多，让他们坐大圆桌行不行？"顾客很不高兴，不耐烦地说："不行！我们就坐这儿，不动了！"这时一个主管走过来了，"二位实在对不起，给您添麻烦了！临窗的小方桌很有情调，更方便二位谈话。如果你们不介意的话，我给您二位调过去！支持一下我的工作好吗？"顾客一下就变得平和起来，同意了主管的安排。

4. 拒绝语

例如:"好的,谢谢您的好意,不过……"

"承蒙您的好意,但恐怕这样会违反酒店的规定,希望您理解。"

使用拒绝语一般应该先肯定,后否定。同时应客气委婉,不简单拒绝。

例如,一个顾客点菜时大声问服务员:"有没有红烧大屎管?"这个服务员没有去否定顾客的问话,也没有重复"大屎管"这个不太雅观的字眼。而是说:"您说的是九转大肠啊!这里有!先生吃了以后,一定会大吉大顺,峰回路转的。"这样一说,满座皆喜。

5. 指示语

例如:"先生,请一直往前走。"

"先生,请随我来。"

"先生,请您稍坐一会,马上就给您上菜。"

使用这类语言要避免命令语气,同时应配合手势。

有的服务人员,当顾客向他询问地址时,他仅用简单的语言给予指示,甚至努努嘴给予指示,这是很不礼貌的。这时,正确的做法是要运用明确和客气的指示语,并辅以远端手势、近端手势或者下端手势。在可能的情况下,还要主动走在前面,给顾客带路。

6. 答谢语

例如:"谢谢您的好意。"

"谢谢您的合作。"

"谢谢您的夸奖。"

"谢谢您的帮助。"

"谢谢您的提醒。"

在顾客表扬、帮忙或者提意见的时候,服务员都应使用答谢语,并要清楚爽快。

在餐厅里经常会遇见顾客向餐厅提出一些菜品和服务方面的意见,有的意见不一定提得对。这时,有的服务人员就会去争辩,这是不对的。正确的做法是,不管顾客提得对不对,都要向他说:"好的,谢谢您的好意!"或者"谢谢您的提醒!"顾客有时高兴了会夸奖服务员几句,对于顾客的夸奖,服务员不能心安理得,无动于衷,而是应该马上用语言答谢顾客,可以说:"谢谢您的夸奖!谢谢您的鼓励!"等。

7. 道歉语

例如:"对不起,打搅一下。"

"对不起，让您久等了。"

"请原谅，那是我的错。"

道歉语是服务语言的重要组成部分，使用得好，会使顾客在餐厅用餐，随时都感觉受到了尊重，对餐厅留下良好的印象。使用道歉语要注意，应把道歉语当做口头禅和必要的一个程序，态度要诚恳主动。

8. 告别语

例如："先生再见！"

"先生一路平安（客人要远去时），希望在酒店再次见到您！"

告别时要求做到声音响亮有余韵，并配合点头或鞠躬。

9. 推销语

例如："先生，来点红酒还是白酒？"

"小姐，是来只螃蟹还是来点基尾虾？"

"先生，是上一个鱼头还是两个鱼头？"

好的推销语运用得当可以很好地促进顾客的消费，这就需要餐厅服务员长期学习，不断琢磨提高。推销语也可以通过短期训练，让服务员初步把握。为了便于记忆，把推销技巧的语言分为加法、减法、乘法、除法和借用他人口之法。

（1）语言的加法

例如："这桌席只有凤没有龙，如果加上一只龙虾就完美了。"

"这桌寿宴加上一只甲鱼就上档次了。"

（2）语言的减法

例如："不到长城非好汉，不吃烤鸭真遗憾。"

（3）语言的乘法

例如，顾客问："你这个豆腐怎么这么贵？"服务员回答："这是香香豆腐，里面有十几种原材料，在家里是做不出来的。"

（4）语言的除法

例如，顾客问："这份香辣蟹怎么这么贵？"服务员回答："这是两斤重的海蟹啊，十个人吃，一个人才几块钱，不贵。"

（5）借用他人之口法

例如："张局长最喜欢吃这个菜。他说这是他最近吃到的最好的菜。"

"黄总每次都要点这个菜。"

如何说好推销语是一门艺术，要重视它、研究它、找到它的运用规律，从而更好地促进企业的经营。

三、常用礼貌用语

餐厅服务用语可以分为基本服务用语和餐厅服务用语两部分。

1. 基本服务用语

（1）"欢迎！"或"欢迎您！""您好！"顾客来到餐厅时，迎宾员和服务员要及时使用此语。

（2）"谢谢。"或"谢谢您了。"在顾客为餐厅的工作带来方便时，服务员应本着感激的心情使用此语。

（3）"好。""明白了。"或"听清楚了。"接受顾客吩咐时，服务员应本着认真负责的态度使用此语。

（4）"请您稍候。"或"请您等一下。"服务员不能立刻为顾客服务时，应带着表示歉意的心情使用此语。

（5）"让您久等了！"或"劳您等了！"对等候的顾客使用，应热情而又表示歉意。

（6）"实在抱歉！"或"真对不起！"因为打扰顾客或给顾客带来不便时使用，应真诚而有礼貌地说。

（7）"再见！"或"请再次光临！"顾客离开餐厅时使用，应热烈而真诚地说。

2. 餐厅服务用语

（1）当顾客进入餐厅时

——早上好，先生（小姐），请问共几位？

——请往这边走。

——请跟我来。

——请坐。

——请稍候，我马上为您安排。

——请等等，您的餐台马上就准备好。

——请您先看一看菜单。

——对不起，您跟那位先生合用一张餐台好吗？

——对不起，这里有空位吗？

——对不起，我可以用这把椅子吗？

（2）为顾客订菜时

——对不起，先生（小姐），现在可以为您点菜吗？

——您喜欢用什么饮料，我们餐厅有……

——您喜欢用些什么酒?

——您是否喜欢……

——您是否有兴趣品尝今天的特价菜?

——饭后您喜欢用茶还是咖啡?

——饭后您喜欢吃些甜品吗?

——请问,您还需要什么吗?

——真对不起,这个菜需要一定时间,您多等一会儿好吗?

——真对不起,这个菜刚卖完。

——好的,我跟厨师联系一下,会使您满意的。

——如果您不介意的话,我向您推荐……

——如果您赶时间,我给您安排一些快餐好吗?

——您订的菜是……

(3) 为顾客上菜时

——现在为您上热菜可以吗?

——对不起,请让一让。

——对不起,让您久等了,这道菜是……

——真抱歉,耽误了您很长时间。

——请原谅,我把您的菜搞错了。

——实在对不起,我们马上为您重新做。

——先生,这是您订的菜。

(4) 餐间为顾客服务时

——先生(小姐),您的菜上齐了,请慢用。

——给您再添点饭好吗?

——您是否还需要些饮料?

——您需要再加点别的吗?

——您的菜够吗?

——对不起,我马上问清楚后告诉您。

——先生,您是××吗?您的电话。

——小姐,打扰您了,这是您的东西吗?

——我可以帮助您分。

第4节 用餐礼仪

一、餐饮座次安排

1. 中餐宴会座次安排

举办正式宴会,应当提前排定桌次和席次,或者只排定主桌席位,其他只排桌次。桌、席排次时,先定主桌主位,后排座位高低。

(1) 中式宴会的桌次安排

中式宴会通常8~12人一桌,人数较多时也可以平均分成几桌。在宴会不止一桌时,要安排桌次。其具体原则是:

1) 以右为上。当餐桌分为左右时,以面门为据,居右之桌为上。
2) 以远为上。当餐桌距离餐厅正门有远近之分时,以距门远者为上。
3) 居中为上。多张餐桌并列时,以居于中央者为上。
4) 在桌次较多的情况下,上述排列常规往往交叉使用。

(2) 中式宴会的席次安排

席次,指同一餐桌上的席位高低。排列席次的原则是:

1) 面门为上。即主人面对餐厅正门。有多位主人时,双方可交叉排列,离主位越近地位越尊。
2) 主宾居右。即主宾在主位(第一主位)右侧。
3) 好事成双。即每张餐桌人数为双数,吉庆宴会尤其如此。
4) 各桌同向。即每张餐桌的排位均大体相似。

2. 西餐宴会座次安排

西式宴会的餐桌习惯用长桌,或是根据人数多少、场地大小自行设置。同中式宴会一样,举办西式宴会也要排定桌次和席次。

西式宴会的席次排位也是讲究右高左低,同一桌上席位高低以距离主人座位远近而定。如果男、女主人并肩坐于一桌,则男左女右,尊女性坐于右席;如果男、女主人各居一桌,则尊女主人坐于右桌;如果男主人或女主人居于中央之席,面门而坐,则其右方之桌为尊,右手旁的客人为尊;如果男、女主人一桌对坐,则女主人之右为首席,男主人之右为次席,女主人之左为第三席,男主人之左为第四席,其余位次依序而分。

西式宴会的席次一般根据宾客地位安排，女宾席次依据丈夫地位而定。也可以按类别分坐，如男女分坐、夫妇分坐、中外分坐等。在我国用西餐宴请客人，通常采用按职务高低男女分坐的方式。

二、餐桌礼仪

1. 中餐基本餐桌礼仪

（1）入座后姿势端正，脚踏在本人座位下，不可任意伸直，手肘不得靠桌缘，或将手放在邻座椅背上。

（2）用餐时须温文而雅，从容安静，不能急躁。

（3）在餐桌上不能只顾自己，也要关心别人，尤其要招呼两侧的女宾。

（4）口内有食物时应避免说话。

（5）自用餐具不可伸入公用餐盘夹取菜肴。

（6）必须小口进食，不要大口地塞，食物未咽下，不能再塞入口。

（7）取菜舀汤，应使用公筷公匙。

（8）吃进口的东西，不能吐出来，如是滚烫的食物，可喝水或果汁冲凉。

（9）送食物入口时，两肘应向内靠，不能向两旁张开，碰及邻座。

（10）自己手上持刀叉，或他人在咀嚼食物时，均应避免跟人说话或敬酒。

（11）食物就口，不可口就食物。带汁的食物，不能匆忙送入口，否则汤汁滴在桌布上，极为不雅。

（12）切忌用手指掏牙，应用牙签，并以手或手帕遮掩。

（13）避免在餐桌上咳嗽、打喷嚏、呕气。万一忍不住，应说声"对不起"。

（14）喝酒宜各随意，敬酒以礼到为止，切忌劝酒、猜拳、吆喝。

（15）如餐具坠地，可请侍者拾起。

（16）遇有意外，如不慎将酒、水、汤汁溅到他人衣服上，表示歉意即可，不必恐慌赔罪，反使对方难为情。

（17）如欲取用摆在同桌其他客人面前的调味品，应请邻座客人帮忙传递，不可伸手横越，长驱取物。

（18）如是主人亲自烹调食物，勿忘赞赏主人。

（19）如吃到不洁或异味食物，不可吞入，应将入口食物用拇指和食指取出，放入盘中。若尚未食用，发现在盘中的菜肴有昆虫和碎石，不要大惊小怪，宜待侍者走近时轻声告知侍者更换。

（20）食毕，餐具务必摆放整齐，不可凌乱放置。餐巾亦应折好，放在桌上。

2. 西餐基本餐桌礼仪

（1）西方人的餐具是刀叉。进餐时，餐盘在中间，刀子和勺子放置在盘子的右边，叉子放在左边。一般右手写字的人，享用西餐时，很自然地用右手拿刀或勺，左手拿叉，杯子也用右手来端。

（2）在桌子上摆放刀叉，一般最多不能超过三副。三道菜以上的套餐，必须在摆放的刀叉用完后随上菜再放置新的刀叉。

（3）刀叉从外侧向里侧按顺序使用（也就是说事先按使用顺序由外向里依次摆放）。进餐时，一般都是左右手互相配合，即一刀一叉成双成对使用的。也有例外，如喝汤时是把勺子放在右边，而用右手持勺。食用生牡蛎一般也是用右手拿牡蛎叉食用。

（4）刀叉有不同规格，用途不同，其尺寸的大小也有区别。吃肉时，不管是否要用刀切，都要使用大号的刀；吃沙拉、甜食或一些开胃小菜时，要用中号刀，叉或勺一般随刀的大小而变。喝汤时，要用大号勺，而喝咖啡和吃冰淇淋时，则以小号为宜。

（5）盛菜、舀汤或选取其他食物。吃西餐时，每个人都有自己的餐具，如果是合餐，每个人都可从大盘里取用的话，一定有备用的公用叉或勺供大家使用。

（6）使用叉的注意事项。不能用叉子扎着食物送入口中，而应把食物铲起入口。美国人有时食用肉类先用刀把肉切成块状，然后用叉子送进口中；而欧洲人一般是边切边吃，铲起来送入口中。如食用某道菜不需要用刀时，也可用右手握叉，例如意大利人在吃面条时，只使用一把叉，不需要其他餐具。没有大块的肉要切的话，例如素食盘，是一些不用切的蔬菜和副食，也可用右手握叉来进餐。

（7）手里拿着刀叉时切勿指手画脚。发言或交谈时，应将刀叉放在盘上才合乎礼仪。在餐桌上进餐，一边要享用美食，同时当然也要开心畅谈一番。但手里拿刀叉时切勿手舞足蹈地谈论，也不可将刀叉竖起来握在手中，切勿放肆大笑或大声喧哗，这会让人感到胆战心惊。

（8）叉子和勺子可入口，但刀子不能放入口中，不管它上面是否有食物。

三、宴会礼仪

生活在大都市，随时可能被邀请出席一些正式或非正式的宴会，故此，一些基本的餐桌礼仪不可不知。

1. 进食时的礼仪

（1）就座

女士尚未入座时，男性不应先坐。无论男、女都应从由左入座。

（2）餐巾礼节

入座后应把餐巾展开，覆盖在膝盖上。如用餐时要离开餐桌，应把餐巾放在椅子上。

（3）开始进食

用膳者应等到席上每位都上菜完毕后才开始进食。餐宴上如果没有女主人，男主人右边的女性应该是第一位动刀叉餐具的人，此后其他人才开始进食，每道菜亦应如此。

（4）离席

主人尚未离席，客人不要先走。倘若有要事须提前离开，应向主人说明后悄悄离去，避免影响餐桌气氛。席上如有长辈，宜向长辈告辞，再退一步转身离去。

2. 暂停用餐或餐后餐具摆放方式

（1）美国方式

不论用完餐后或暂停用餐时，刀口都向内放在盘子右边，叉子放在刀的左边，叉齿朝上。

（2）欧陆方式

暂停用餐时，叉子应放在盘子左边，叉齿朝下；刀则放在右边，刀柄突出盘子，刀身偏斜指向盘子中央。用完餐后，应将刀叉一起放在盘子右边，与美式大致相同，唯叉齿向下。

（3）随身物品摆放技巧

正统的西餐厅都设有衣帽间，顾客的大衣等杂物，应交给服务员放在衣帽间保管。若带有贵重东西，可放置于自己右前椅脚的下方。此外，手袋及钱包、烟盒及打火机等亦不应出现在餐桌上，女士们应将手袋放在椅背。

用餐途中脱掉的外衣不要随便搁在椅背上，正确做法是立即召唤服务员，请他们把衣服放在衣帽间。

第5节 饮食习俗与礼节

一、国内饮食习俗与礼节

任何一个民族都有自己富有特点的饮食礼仪，发达的程度也各不相同。中国人的饮食礼仪是比较发达的，也是比较完备的，而且有从上到下一以贯通的特点。《礼记·礼运》说："夫礼之初，始诸饮食"。在中国，根据文献记载可以得知，最迟在周代时，饮食礼仪已形成为一套相当完善的制度。这些礼仪在以后的社会实践中不断得到完善，在古代社会发挥过重要作用，对现代社会依然产生着影响，成为文明时代的重要行为规范。

有主有宾的宴饮，是一种社会活动。为使这种社会活动有秩序有条理地进行，达到预定的目的，必须有一定的礼仪规范来指导和约束。每个民族在长期的实践中都有自己的一套规范化的饮食礼仪，作为每个社会成员的行为准则。

1. 汉族

汉族传统古代宴饮礼仪的一般程序是，主人折柬相邀，到期迎客于门外；客至，问候，引入客厅小坐，敬以茶点；导客入席，以左为上，是为首席。席中座次，以左为首座，相对者为二座，首座之下为三座，二座之下为四座。客人坐定，由主人敬酒让菜，客人以礼相谢。宴毕，导客入客厅小坐，上茶，直至辞别。

席间斟酒上菜，也有一定的规程。现代的标准规程是：斟酒由宾客右侧进行，先主宾，后主人；先女宾，后男宾。酒斟八分，不得过满。上菜先冷后热，热菜应从主宾对面席位的左侧上；上单份菜或配菜席点和小吃应先宾后主；上全鸡、全鸭、全鱼等整形菜，不能把头尾朝向正主位。

2. 维吾尔族

维吾尔族待客，请客人坐在上席，摆上馕、糕点、冰糖，夏日还要加上水果，给客人先斟上茶水或奶茶。吃抓饭前，要提一壶水为客人净手。共盘抓饭，不能将已抓起的饭粒再放回盘中。饭毕，待主人收拾好食具后，客人才可离席。

3. 藏族

藏族主要分布在辽阔的青藏高原，聚居在西藏自治区以及青海、甘肃、四川、云南等地的藏族自治州、藏族自治县。藏族信喇嘛教，喇嘛教对藏族的文化和风俗有深远的影响。在饮食上,藏族人忌食奇蹄五爪类、禽兽类,如马、驴、骡、鸡、鸭、鹅等。大部分地区的藏族人也不食海味及鱼类。藏族人可以食用的是偶蹄动物的肉,如牧养的牛、羊,野生的鹿等,只有偶蹄动物的肉才是可以食用的。

藏族牧民的饮食多为一日四餐,早 7 点第一餐,多食糌粑,喝酥油茶。10 点吃第二餐,午后 2 点食第三餐,亦称午餐,以食用肉食为主。晚 8 点吃第四餐,食品以粥为主。总体上牧民们以牛、羊肉和奶茶为主要食物,奶制品有酥油、酸奶、奶酪等。农区藏民的饮食以粮为主,蔬菜为副。糌粑是藏族的日常食品,它是由青稞或豌豆经炒熟磨粉,再经数道加工调配工序制成。糌粑营养丰富,香酥甘美,不仅藏族人终生食用,居住在藏区的其他民族的人民也喜欢。

藏族人的日常生活不能没有茶,酥油茶是藏族人时刻不可缺少的饮料佳品。青稞酒是藏民过节必备的饮料。习惯上,青稞酒多指青稞啤酒,此酒黄绿清淡、酒香甘酸。在西藏,除僧人依教规忌酒外,藏族男女老幼几乎都喝青稞酒。

4. 蒙古族

蒙古族半数以上人口居住在内蒙古自治区,其余分布在东三省、新疆、甘肃、青海等地。各地蒙古族由于地理位置、自然条件、生产发展状况的差异,在饮食习惯上也不尽相同。在牧区,蒙古族以牛羊肉、乳食为主食,史书以"游牧民族四季出行,惟逐水草,所食惟肉酪"来形容游牧生活形成的饮食习惯。烤肉、烧肉、肉干、手抓肉均为蒙古族人家常食品,其中手抓肉最有名,四季都可以食用。而吃全羊则是宴请远方宾客的最佳食品。吃全羊有两种做法:一是煮食,即把全羊分解为数段煮熟,在大木盘中按全羊形摆放好后食用。二是烧全羊,把收拾干净的整羊入炉微火熏烤,最后刀解上席,蘸椒盐食用。炒米也是蒙古族人特别喜爱的一种食品,可干嚼可泡奶,是牧民外出放牧携带的极好食物。

蒙古族人认为马奶酒是圣洁的饮料,用它款待贵客。宴客时很讲究仪节,吃手抓羊肉,要将羊琵琶骨带肉配四条长肋献给客人。招待客人最隆重的是全羊宴,将全羊各部位一起入锅煮熟,开宴时将羊肉块盛入大盘,尾巴朝外。主人请客人切羊荐骨,或由长者动刀,宾主同餐。

奶食是蒙古族人一天中不可缺少的食品。奶食、奶茶、奶油、奶糕等均为蒙古族根据季节变化经常食用和饮用的食品。此外,夏季里人们还喜食酸奶,或拌饭或清饮,以清暑解热。蒙古族牧区夏天还喜欢饮马奶酒。

在农区、半农半牧区,蒙古族因与汉族杂居,所以饮食习惯已逐渐与汉族大体相同。农区的蒙古族主食以玉米面、小米为主,杂以大米、白面、黄米、荞面、高粱米等。随着温室、塑料大棚的普及,农区蒙古族食用蔬菜的品种不断增加。在菜肴烹制上，农区以炖、炒为主，也加以烧烤，还制作牧区食品如手抓肉、奶制品等。蒙古族农民多保留了牧区的好客习俗，来了客人要先敬茶，无茶或不沏新茶皆为不恭，而且以"满杯酒、满杯茶"为敬，不同于"满杯酒、多半杯茶"的汉族习俗。

蒙古族人豪放、粗犷、开朗热情，待人诚恳、实在，处处显现出塞外草原博大的胸怀。

5. 朝鲜族

朝鲜族主要分布在吉林省延边朝鲜族自治州、黑龙江省牡丹江地区、辽宁省丹东地区。朝鲜族比较讲究卫生，讲究礼貌，特别是敬老美德受到各民族人民的称赞。

朝鲜族聚居区盛产大米，主食以米饭为主，其次是冷面和米糕。米糕的品种多，有打糕、切糕、发糕等。朝鲜族口味以咸辣为主，咸菜品种丰富，式样美观，非常可口。辣椒是每个朝鲜族家庭必备的调味品，朝鲜族嗜辣，决不比四川、湖南人逊色。

朝鲜族的饮食特点之一是每餐必喝汤，最讲究的是汤浓味重的浓白汤。常用于吊汤的原料有牛肉、鸡肉、狗肉、兔肉等。

朝鲜族的烹调方法以煎、煮、炒、氽、烤等为主，菜肴多清淡、软烂、爽脆。朝鲜族对猪肉的消费量相对较少。朝鲜族人不喜欢吃羊肉、河鱼，也不喜欢吃馒头，喜欢吃狗肉、牛肉、鸡、蛋品、海味、大酱和泡菜等。常以狗肉招待客人，狗肉的食法极有特色，将煮好的狗肉撕成丝，配以葱丝、姜末、蒜末、香菜、精盐、熟芝麻，食之不腥，香辣爽口。

6. 傣族

傣族主要聚居在云南省西双版纳和德宏地区，在临沧、大理和丽江等地也有分布。傣族聚居地盛产水稻，傣族人以大米为主食，最喜欢吃糯米，用糯米加工食品，如把糯米装入香竹中烤制成竹筒饭，用芦叶把糯米、花生包成粽子，用米浆蒸成卷粉，用油炸成糯米油果、糯米卷等。

傣族人喜欢酸、辛辣和香味。其烹调方法主要有蒸、烤、煮、腌等。其中烤鱼很有特色，做法是先去除内脏，把葱、蒜、姜、辣椒剁成泥，放在鱼腹内，然后用香茅草包扎好，放在暗火上慢慢烤至焦黄。酥香而嫩。傣族人以酸竹煮鸡、煮鱼等视为待客的最佳菜肴。

傣族的"南米"（即酱）风味独特，在用番茄酱及花生、青菜、鱼、竹笋等为主料制成的各种酱中螃蟹酱最为名贵。"南米"的吃法有多种，有的用糯米饭蘸着吃，有的则用各种青菜或煮熟的南瓜等蘸着吃，不同的菜蘸不同的酱。傣族人爱饮酒和茶，会自己酿酒。吃饭时不喝酒，而是在饭后或空闲时饮用。

7. 羌族

羌族主要分布在四川省的西北山区。羌族居住地山高坡陡、石头多土地薄、气温较低。羌族聚居地主要产玉米、洋芋（马铃薯）、小麦、青稞、荞麦和各种豆类，但产量都不高。蔬菜有白菜、萝卜、青菜等。羌族人平日吃两餐饭，早饭多为"玉米蒸蒸"（玉米粗糙粒，先煮后焖而成），晚饭多为稀饭加馍馍，晚上还喜欢吃"砣砣肉"、喝白酒。"砣砣肉"是将猪膘（腊肉）切成拳头大，与豆菜同煮，吃时每人一砣。

羌族的主食还有金裹银、荞面条、面疙瘩、酸汤面、玉米汤圆、炒面、馍馍等。副食品常见的有酸菜、砣砣肉、白豆腐、油炸洋芋片和腊肉等。羌族人吃马肉、狗和野兽肉。北川产的羌活鱼，形似四脚蛇，羌族人也吃。羌族人还喜欢吃猪肚子骨头。猪肚子骨头的制作方法是：宰猪时，将猪骨头剔下剁短，装进猪肚里，放火坑上熏制，再挂到户外晾起来，吃时从中取出些骨头熬汤。

羌族著名的土特产有茂汶和北川的花椒及茶叶。羌族人饮料主要是酒和茶。用青稞、玉米等酿制的醉糟酒，饮用时用长竹管咂吸。城镇羌族人清晨也有喝早茶的习惯。

8. 白族

白族大部分居住在云南省大理白族自治州，其余散居于昆明、元江、丽江等地。大理自治州粮食作物有水稻、小麦、玉米、薯类、荞麦等，经济作物有甘蔗、烤烟和茶叶等。河湖盛产鱼类，山区有丰富的植物和动物资源。白族人以稻米、小麦、玉米、荞麦和马铃薯为主食，蔬菜品种多。还善于腌制肉类和咸菜，还能自制蜜饯、雪炖甜梅等果品。节庆时，白族喜欢用糯米或小麦、大麦酿造白酒、水酒，平时嗜好酸、凉、辣味饮食。

大理州洱海以产鱼著称，尤以弓鱼最有名。人们喜食砂锅菜。砂锅鱼的做法是将火腿片、嫩鸡块、冬菇、腊肝片、玉兰片、豆腐等十几种原料按比例与鱼放入砂锅内，加上胡椒、八角、盐等调味品，置于火上用微火炖熟，味道极鲜。

"乳扇"是大理州的名特产品。乳扇一般由羊乳制成，制作并不复杂，但要求精细。先将羊乳放在锅中，再点酸水（可用明矾等），当羊乳呈半固态时，用竹筷往上挑成扇状，放在簸箕内晒干。乳扇可以生食或煮食，以煎食最为普遍。

9. 苗族

苗族半数以上人口居住在贵州，其余分布在湖南、云南、广西、四川等地。苗族人食物以大米为主，辅以包谷、小米、高粱、小麦和薯类等杂粮。苗族人最喜食糯米。副食品主要有瓜类、豆类、蔬菜以及作为佐料的辣椒、葱、蒜等。肉类有猪、牛、羊、鸡、鸭及鱼类。

苗族人口味以酸、辣为主，尤其喜食辣椒。日常菜肴主要是酸辣味汤菜。酸菜味鲜可口，制作方便，可生食，也可熟食。平时吃新鲜蔬菜或瓜豆，也要掺些酸菜或酸汤，令人增加食欲。苗族的酸汤煮鱼是风味名菜，做法是将酸汤加水、食盐煮沸，取鲜活鱼去苦胆，入酸汤中煮制而成。此菜肉嫩汤鲜，清香可口，一年四季都可以做。

苗族能加工保存熏制腊肉、腌肉、腌鱼、鱼干、香肠等，其中腌鱼是苗族的传统佳肴。方法是将鲜鱼剖开，去内脏，抹上盐、辣椒粉，放火上方焙烤至半干，然后入坛密封，食时取出蒸熟。此鱼具有骨酥、咸辣适度、清香可口的特点。

苗族人还喜欢制作豆腐、豆豉，加工猪灌肠、血豆腐等，爱吃火锅。苗家男女都喜欢酒，大部分人家都能自己酿酒。他们自制酒籼，用土产的糯米、苞谷、高粱等酿出芳香的甜酒、泡酒、烧酒、窖酒等。有用牛角盛酒迎贵宾的习俗。

10. 壮族

壮族是中国少数民族中人口最多的一个民族，主要聚居在广西、云南文山，广东连山、贵州从江、湖南江华等地也有分布。

壮族是个好客的民族，过去到壮族村寨任何一家做客的客人都被认为是全寨的客人，往往几家轮流请吃饭，有时一餐饭吃五六家。客人到家，必在力所能及的情况下给客人以最好的食宿，对客人中的长者和新客尤其热情。用餐时须等最年长的老人入席后才能开饭；长辈未动的菜，晚辈不得先吃；给长辈和客人端茶、盛饭，必须双手捧给，而且不能从客人面前递，也不能从背后递给长辈；先吃完的要逐个对长辈、客人说"慢吃"再离席；晚辈不能落在全桌人之后吃饭。

多数地区的壮族习惯于日食三餐，有少数地区的壮族也吃四餐。大米、玉米是壮族地区的主食。日常蔬菜有青菜、瓜苗、瓜叶、京白菜（大白菜）、小白菜、油菜，甚至豆叶、红薯叶、南瓜苗、南瓜花、豌豆苗也可以为菜。壮族对任何禽畜肉都不禁吃，习惯将新鲜的鸡、鸭、鱼和蔬菜制成七八成熟，菜在热锅中稍煸炒后即出锅，可以保持菜的鲜味。

壮族主要的菜肴和小吃有：马脚杆、鱼生、烤乳猪、花糯米饭、宁明壮粽、状元柴把、白切狗肉、壮家酥鸡、清炖破脸狗、龙泵三夹。

二、国外饮食习俗与礼节

1. 俄罗斯

在饮食习惯上，俄罗斯人讲究量大实惠，油大味厚。他们喜欢酸、辣、咸味，偏爱炸、煎、烤、炒的食物，尤其爱吃冷菜。食物的制作方法较粗糙。

一般而论，俄罗斯以面食为主，喜欢吃用黑麦烤制的黑面包。除黑面包之外，俄罗斯人大名远扬的特色食品还有鱼子酱、酸黄瓜、酸牛奶等。吃水果时，他们多不削皮。在饮料方面，俄罗斯人很能喝冷饮。具有该国特色的烈酒伏特加，是他们最爱喝的酒。

此外，他们还喜欢喝一种叫"格瓦斯"的饮料。用餐之时，俄罗斯人多用刀叉。他们忌讳用餐发出声响，并且不能用匙直接饮茶，或让其直立于杯中。通常，他们吃饭时只用盘子而不用碗。

参加俄罗斯人的宴请时，宜对其菜肴加以称道，并且尽量多吃一些。俄罗斯人将手放在喉部，一般表示已经吃饱。

2. 波兰

波兰人以吃西餐为主，其口味偏清淡，不过分油腻，普遍喜食以烤、煮、烩方式烹制的菜肴，而且喜食黄油。波兰人吃饭时先喝汤，汤的种类有甜菜汤、蛋花冷汤、高丽菜汤、大麦汤等。主餐的种类也不少，常见的有：高丽菜卷、内包米和肉、炸猪排、薄饼和软起司以及各式的洋水饺。波兰人在饭前习惯饮烈性酒，饭后饮甜酒，而且酒量一般很大。他们也喜爱喝咖啡和中国红茶。

如果到波兰人家里做客，可以给女主人带上一束花。在交给女主人之前要把花的包装纸去掉。但要注意，不要送红玫瑰花，红玫瑰花表示浪漫的爱情。无论在正式或非正式的宴请中都经常敬酒。波兰人喜欢客人谈论他们的国家、文化等。与波兰人交往，避免赠送高价值的礼物。公司的新产品，可用做见面礼。

3. 法国

法国是世界三大烹饪王国之一，法国人和中国人一样，十分讲究饮食文化。法国美食的特色在于使用新鲜的季节性材料。法国菜的特色是汁多味腴。法国人不爱吃无鳞鱼，也不爱吃辣味的菜肴。他们一般都喜欢吃略带生口、鲜嫩的美味佳肴。注重烹调火候，讲究菜肴的鲜嫩，强调菜肴的质量。口味一般喜肥、浓、鲜、嫩，偏爱酸、甜、咸味。主食为米饭或面粉，爱吃点心，副食爱吃肥嫩猪肉、羊肉、牛肉，喜食鱼、虾、鸡、鸡蛋及各种肠子和新鲜蔬菜，偶尔也愿品尝些新奇的食物，如蜗牛、蚯蚓、马兰等,喜用丁香、胡椒、香菜、大蒜、番茄汁等作调料。特色菜肴有红烧鳜鱼、宫保肉丁、脆皮炸鸡、炒虾球、银芽鸡丝、菠萝火鸡、拔丝苹果等风味菜肴。

在饮食起居方面,法国人也是每日三餐:早上起床后进早餐,中午12时至13时为午餐时间,晚餐则一般在20时左右。午餐和晚餐为正餐。初到法国并有机会到法国人家里做客的人一定会注意到,法国人花在餐桌上的时间——尤其在周末或节假日期间——非常之多,一顿饭常常要吃上几个小时。当然,除了美酒和佳肴之外,法国人习惯于在餐桌上聊天,特别是当亲朋好友聚集在一起时,大有"有朋自远方来不亦乐乎"的那种气氛。法国人忌讳"13",他们不住13号房间,不在13日这天外出旅行,不坐13号座位,更不准13个人共进晚餐。

法国人喜爱花,生活中离不开花,特别是探亲访友,应约赴会时,总要带上一束美丽的鲜花;人们在拜访或参加晚宴的前夕,也总是送鲜花给主人。

4. 美国

美国人饮食比较随便,但重视食品的营养搭配。喜食"生""冷""淡"食品:"生"是指生菜,特别重视菜肴的鲜、嫩;"冷"是指凉菜,不喜欢过烫、过热的菜肴;"淡"是指少盐味,忌咸,以稍甜为好。美国人不习惯烹调中多用调料,而习惯在餐桌上备用调料自行调味。他们平时惯用西餐,一般都一日三餐。早、午餐乐于从简,晚餐是主餐,内容比较丰富,但也不过是一两道菜,加上点心和水果。

美国人忌食各种动物的五趾和内脏,不吃蒜,不吃过辣食品,不爱吃肥肉,不喜欢清蒸和红烩菜肴。

美国人忌讳"13""星期五""3",认为这些数字和日期,都是厄运和灾难的象征。还忌讳有人在自己面前挖耳朵、抠鼻孔、打喷嚏、伸懒腰、咳嗽等,认为这些都是不文明的,是缺乏礼教的行为。若打喷嚏、咳嗽实在不能控制,则应同步避开客人,用手帕掩嘴,尽量少发出声响,并要及时向在场人表示歉意。他们忌讳有人冲他们伸舌头,认为这是污辱人的动作。美国人还有三大忌:一是忌问年龄,二是忌问所买东西的价钱,三是忌在见面时说:"你长胖了!"因为年龄和买东西的价钱都属于个人的私事,他们不喜欢别人过问和干涉。

5. 英国

在饮食上英式菜是世界公认的名流大菜,它历史悠久、工艺考究,很得世人青睐。与此相关,英国人在用餐上也是很讲究的。一般的英国家庭一天通常是四餐:早餐、午餐、午茶点和晚餐。有极个别地区的人还要在晚上九点钟以后再加一餐。英国人讲究口味清淡,菜肴要求质好量精,花样多变,注意营养成分。他们喜欢吃牛肉、羊肉、蛋类、禽类、甜点、水果等食品。夏天喜欢吃各种水果冻、冰淇淋，冬天喜欢吃各种热布丁。进餐时一般先喝啤酒，还喜欢喝威士忌等烈性酒。重大的宴请活动，大家都放在晚餐时进行。

去英国人家里做客，最好带点价值较低的礼品，因为花费不多就不会有行贿之嫌。礼品一般有：高级巧克力、名酒、鲜花，他们格外欣赏我国具有民族特色的民间工艺美术品，而对有客人公司标记的纪念品不感兴趣。

在英国，邀请对方午餐、晚餐、到酒吧喝酒或观看戏剧、芭蕾舞等，会被当做送礼的等价。主人提供的饮品，客人饮量以不超过3杯为宜，如果感到喝够了，可以将空杯迅速地转动一下，然后交给主人，这表示喝够了、多谢的意思。酒馆开门时间一般是上午11点至下午3点，下午5点半至晚上11点。酒馆里渴酒的人一般比较多，高峰时，后来的客人没有座位，就买零酒随便站着喝。

英国人席间不劝酒，宾主饮多少全凭自己。祝酒辞一般是"为女王健康干杯！"或者简单地说"干杯！"宴会后，客人要多留一会儿，与主人继续聊天。最后告辞时，客人与主人夫妇握手，说一两句话表示感谢。客人之间握手告别也可，点头示意也可，不拘一格，视情况而定。宴会一般在晚上10点半至11点之间结束。受到款待之后，一定要写信表示谢意，否则会被认为不懂礼貌。

6. 德国

德国的饮食文化有其独特之处，特点是营养丰富，方便省时，文明科学，吃饱吃好。德国人多属日尔曼族，爱好"大块吃肉，大口喝酒"，每人每年的猪肉消费量达66 kg，居世界首位。德国是当今世界上著名的啤酒王国。德国人均啤酒消费量居世界首位，是世界"第一啤酒肚"。

德国的早餐比起午餐和晚餐是最丰盛的。在旅馆或政府机关的餐厅，早餐大多以自助餐形式提供。德国的午餐和晚餐一般是猪排、牛排、烤肉、香肠、生鱼、土豆和汤类等。在德国喝啤酒，酒量不大者不必担忧，因为酒宴上，德国人互不劝酒也不逼酒，喝者各自量力而为。即使喝啤酒，他们也是先问你是否要，若不要决不会给你送来。用餐是一人一份，食者大多会用面包将盘内的肉末或汤汁蘸着吃完，绝不浪费。

德国人招待客人讲究节约、简单，饭菜仅够主客吃饱，营养足够就可以了。在州里宴请，只有部长以上的官员有权因公事请客送礼，其他官员一律自费请客。德国有个规定，宴席中凡多要了饮料和啤酒的需自己付钱。

7. 荷兰

在荷兰，不仅能吃到荷兰特色的食品，世界各地的美食在荷兰都能找得到，荷兰是世界美食聚集地。荷兰人的饮食虽不复杂,但是却有一个特点,就是非常讲究营养。在荷兰的饮食中,土豆一直是主要的原料,它和肉类及蔬菜一起,可以做出各种各样的口味不同的菜肴,由于低热能、富含多种维生素和微量元素,土豆在欧美享有"第二面包"的称号。荷兰著名的料理多半都是用料简单但营养价值极高的家常菜,其中最著名的首推豌豆汤,营养丰富,而且外观碧绿浑圆,看上去就惹人喜爱。荷兰人偏爱奶酪,每年人均消费约 16.5 kg。奶酪是荷兰的特产,当地人喜欢把奶酪切成片夹入面包,有时则把奶酪研成粉末放入汤中。荷兰美食以奶类制品和甜品零食见长。荷兰鼎鼎有名的甜食——双层松饼,是两层华夫饼中间夹着焦糖和蜂蜜,非常好吃。

荷兰很多知识分子对中国传统文化(汉学)知之颇深。荷兰人习惯吃西餐,但对中餐也颇感兴趣。荷兰人倒咖啡有特别的讲究,只能倒到杯子的 2/3 处,倒满是失礼的行为,被视为缺乏教养。与荷兰人相处之时不要提起纳粹。

8. 日本

日本饮食有本土的"日本料理"、从中国传去的"中华料理"、从欧洲传去的"西洋料理"等。日本特殊的地理环境决定了其独特的饮食习惯。日本人在饮食嗜好上有以下特点:一是菜肴质精量小,注重菜品的营养价值。二是口味不喜太咸,爱甜、酸和微辣味。三是以米饭为主食。四是爱吃鱼类,尤其爱吃生鱼片。在烹调方法上擅长凉拌、煎、炒、蒸、炸、串烤。

日本人相互见面或分别时,都要行鞠躬礼,或一面握手,一面行鞠躬礼。日本女子只行鞠躬礼,而不握手。日本人把善于控制自己的举止视为一种美德,他们主张低姿态待人,说话时尽量避免凝视对方,并弯腰鞠躬,以示谦虚和有教养。日本人送礼不用偶数,特别是"4""14""44"等。在色彩和图案方面,日本人忌讳绿色和荷花。

第6节 宗教礼仪

一、佛教礼仪

1. 称谓

佛教在各国的教制、教职不尽相同,称谓也不完全一致,如泰国有僧王,其他国家则不设。在我国寺院中主要负责人称"方丈"即"住持",负责内部事务的称"监院",负责对外联络的称"知客",可尊称他们为"长老""高僧""大师""法师"。佛教徒中出家的男性称"比丘",简称"僧",俗称"和尚";出家的女性称"比丘尼",简称"尼",俗称"尼姑"。凡出家的佛教徒必须剃除须发,披上袈裟,称为"披剃"。僧尼一经"披剃",即入住寺院,开始过与世俗隔绝的生活。

2. 四威仪

四威仪指僧尼的行、住、坐、卧时应保持的威仪德相,即行如风,住(站)如松,坐如钟,卧如弓。

3. 受戒

受戒指接受佛教戒律的仪式。受戒后出家的僧尼必须严格遵守佛教的各种清规戒律,如过午不食,即僧尼在寺庙中通常一日二餐,过了中午12时就不能吃东西。又如不沾荤腥,在佛门中荤是指葱、蒜、辣椒之类气味浓烈、辛辣的食品,鱼、肉是属腥类食品,佛教经典中有禁食的明文规定。此外,僧尼不得结婚等均为受戒后必须执行的规定。

4. 合十

合十或称合掌,指教徒之间或与他人见面时行的一种礼。合十时双手手心相对并拢,手指朝上,置于胸前,口中念道"阿弥陀佛",以示敬意。如果在合十的同时又蹲下,则为行大礼。

5. 顶礼

顶礼是向佛、菩萨或上座行的礼。行礼时双膝跪下,舒两掌过额头承空,头顶叩地,以示头触佛足,毕恭毕敬。

6. 朝山

朝山是指佛教徒到名山大寺去进香拜佛。小乘佛教徒进入寺庙时须脱鞋,进殿只朝拜释迦牟尼佛;大乘佛教徒进入寺庙可不脱鞋,进殿除朝拜佛祖外还要朝拜弥勒佛、观世音以及三世十方众佛和菩萨。

二、基督教礼仪

1. 称谓

基督教的信徒之间称平信徒,在我国习惯称教友。基督新教徒之间可称兄弟姐妹,因为大家同是上帝的儿女;也可称同道,因为大家都信奉耶稣所传的教道。教会的神职人员,则按其职称称呼,如某某主教;基督新教称牧师,天主教称神父。

2. 洗礼

这是基督教的入教仪式。经过洗礼后，就意味着教徒的所有罪获得了赦免。洗礼的方式有点水礼和浸水礼两种。点水礼是用一水杯水蘸洒在受洗礼者的额头上，或由神职人员用手蘸水在受礼者额头上画十字。浸洗礼则是把受礼者全身浸入水中。天主教多施点水礼，东正教则通常施浸洗礼。

3. 礼拜

礼拜是信徒们在教堂里进行的一项包括唱诗、诵经、祈祷、听讲道和祝福的宗教活动，每周一次。星期日做礼拜为"主日礼拜"，因为据《圣经·新约》中记载，耶稣在这天复活。另有少数教派规定星期六（安息日）为礼拜，这天称为"安息日礼拜"。

除每周一次的常规礼拜之外，基督教会还举办结婚礼拜、葬礼拜、追思礼拜、感恩礼拜和圣餐礼拜等礼拜活动。

4. 祈祷

祈祷俗称祷告，这是基督教信徒向上帝和耶稣表示感谢、赞美或认罪的宗教仪式，祈祷有口祷、默祷两种形式；个人独自进行的祈祷为私祷，在礼拜聚会时众信徒由神职人员主颂的为公祷。祈祷时通常信徒双手指交叉合拢并置胸前，闭上双目，排除杂念，祷告完毕时口呼"阿门"，表达"唯愿如此，允获所求"之意。

5. 告解

告解就是忏悔，这是信徒单独向神职人员表白自己的过错或罪恶，并有意悔改的宗教仪式。神职人员听后要对其劝导，并对忏悔内容予以保密。

6. 终傅

终傅是基督教信徒在临终前请神职人员为其敷擦"圣油"（一种合香液的橄榄油），用以赦免其一生罪过的宗教仪式。

7. 守斋

基督教规定，每星期五和圣诞节前夜（12月24日）为守斋日，届时信徒不食用一切肉类食品，只食用蔬菜和鱼。

8. 神品

这是任命神职人员"祝圣按立"的仪式。

9. 婚配礼

这是神职人员在教堂里为教徒主持婚礼的仪式。基督新教主张"廉俭教会"，在经济和时间上厉行节约，"圣礼"的项目、内容和时间均从简行事。现在基督新教中绝大多数教派所公认的"圣礼"仅为两项：洗礼和圣餐。

三、伊斯兰教礼仪

伊斯兰教兴起于公元7世纪初的阿拉伯半岛，创始人是麦加城的阿拉伯人穆罕默德。伊斯兰教的主要经典是《古兰经》。随着阿拉伯民族的统一和阿拉伯人的对外军事扩张，到8世纪中叶伊斯兰教已发展成为一个地跨亚、非、欧三大洲的世界性宗教。它主要流传于西亚、北非、南亚次大陆和东南亚各地。近几十年来，在西欧、北美一带也有了传播。伊斯兰教在一些国家被定为国教。它主要有什叶派和逊尼派两大教派。

伊斯兰教对饮食有严格的规定。不食猪和不反刍的猫、狗、马、驴、骡、鸟类及没有鳞的水生动物等。不食自死的动物、非穆斯林宰杀的动物和动物的血。穆斯林杀牲，要念经祈祷，采用断喉见血的方式，不用绳勒棒打、破腹等屠宰法。穆斯林不食生葱、生蒜等异味的东西。伊斯兰教禁饮酒。

伊斯兰教讲究衣着规矩，提倡衣着要符合自己的社会地位和身份。男子禁止穿纯丝织品制成的衣服、色彩鲜艳的衣服，禁止戴金银饰物。到清真寺做礼拜，参加葬礼等，则必须戴弁。弁是上小而尖、下大而圆的帽子。穆斯林妇女有戴面纱、盖头的习惯。

伊斯兰教的伊斯兰寺院又叫清真寺，由教长、海推布、穆安津（宣礼员）等教职人员管理。教长是寺院的主要领袖。海推布的职责是在主麻日手持木杖在寺院的讲坛上主持念经、讲经、赞颂真主等活动，并接受阪依者为穆斯林，海推布可以世袭。穆安津的职责是在寺院里按时呼唤穆斯林做礼拜，并领念带有节奏的专门经文"安拉至大，安拉至大……"，穆安津也可以世袭。这些教职人员，在中国又统一被称为阿訇。阿訇在波斯语的穆斯林中，原意为"学者""教师"，一般负责主持清真寺的寺务和教务。

伊斯兰教的重要活动有：

1. 祈祷

祈祷是伊斯兰教徒每天做的功课，每天分别在清晨、中午、下午、晚餐和睡前进行。祈祷时，伊斯兰教徒常说的话是"我指主为誓"，同时右手食指向天空，拇指打开，表示起誓。

2. 净礼

净礼是穆斯林在做礼拜之前举行的一种宗教仪式，包括沐浴、净衣、洁处等，目的是让自己和礼拜的处所都洁净无污。净身，就是用干净的水洗涤身体的部分或全部，在做净身的每一动作时，默念相关的诗词。

3. 拿手

拿手是男性穆斯林之间的握手礼。拿手礼的适用范围较广，可表示互助、互勉、团结友爱，表示不计前嫌、彼此谅解，表示敬老爱幼、敬师爱徒。开斋节会礼后，穆斯林之间拿手，表示共贺同庆、恭敬本教等。

 相关链接

化妆的礼仪

服务人员为了体现自己的敬业精神，为了更好地维护自己的形象，同时也是为了对自己的交往对象表现应有的友好与敬重之意，必须始终不懈地精神焕发、神采奕奕。因此，服务员必须做到化妆上岗、淡妆上岗。

化妆就是有意识、有步骤地来为自己美容。服务人员化妆主要是为了体现单位的令行禁止和统一性、纪律性，有助于使其单位形象更为鲜明、更具特色，同时也是对顾客表示尊重之意。服务人员化妆的重点，一般包括护肤、美发、修眉、画眼、修饰唇形、呵护手部等。并做到：

1. 工作妆以淡妆为主。
2. 避免过量地使用芳香型化妆品。
3. 避免当众化妆或补妆。
4. 力戒与他人探讨化妆问题。
5. 力戒自己的妆面出现残缺。

思考题

1. 如何理解餐厅服务礼仪的内涵？
2. 餐厅服务员的内在和外在形象要素包括哪些？
3. 餐饮服务用语的形式要求和程序要求有哪些？
4. 餐厅基本服务礼貌用语有哪些？

5. 简述中式宴会桌次安排的原则。
6. 汉族饮食习俗与礼节包括哪些内容?
7. 佛教有哪些礼仪规范?
8. 基督教有哪些礼仪规范?

第3章
餐厅服务心理与人际沟通

第1节 餐厅服务心理的概念与内容

一、餐厅服务心理的概念

1. 餐厅服务的基本含义

餐厅服务既包括由餐厅为顾客提供的各种有形产品（如食品、饮料等），还包括同时提供的一系列无形产品（如烹饪技艺、服务态度等），即餐厅服务既要为顾客提供质价相当的美味菜肴和食品饮料，以及卫生、洁净、幽雅的就餐环境，同时还要提供良好的服务态度、娴熟的服务技巧、规范的服务方式，使服务不仅能满足顾客最基本的生理需要，还能使顾客获得更高层次的满足和心灵上的享受。

2. 心理

心理一词来源于希腊语的"phyche"，原意为灵魂。在汉语中，心理是人的头脑反映客观现实的过程，是感觉、知觉、思维、情绪的总称，也泛指人的思想、感情的表现。可把"心理"理解为人脑的活动及其规律。

3. 餐厅服务心理

研究餐厅服务心理的主要目的在于探讨在整个餐厅服务过程中人的心理活动的规律，以实现对顾客心理活动的正确认识、准确推测和判断，从而为服务员更好地提供服务作参考，使餐厅的服务质量得到更大的提高。

通过研究顾客在餐厅就餐过程中的心理活动规律，了解顾客对餐厅的设施和服务的心理要求，以及不同类型顾客的心理特点，可以使服务员更准确地去了解服务对象，从而工作更有效率，服务质量得到有效提高。

4. 餐厅服务心理的研究对象

餐厅服务心理主要研究顾客心理、服务过程心理和餐厅员工心理三个方面。

（1）顾客心理

顾客的消费行为是在其消费心理支配下发生的，因此了解顾客消费心理的发生、发展的变化规律十分必要。通过了解顾客的感知、顾客的态度、顾客的消费动机和行为等方面，来了解顾客心理因素对消费行为的产生、对消费对象和方式的选择以及对消费效果的影响。

（2）服务过程心理

餐厅所提供的产品不仅包括有形的食品、饮料及服务的设备，还包括无形的服务态度、情境和体验。因此，餐厅服务实质上就是餐厅服务人员通过与顾客打交道，从而帮助顾客创造一个美好经历的过程。要想使顾客在餐厅中有好的经历和感受，就需要服务人员迎合顾客心理，满足顾客的需要。如果不了解顾客的心理而任意提供服务是盲目的，是无法获得认同的。

（3）员工心理

一切餐饮产品都是由服务员在顾客的参与下完成的，餐厅服务员是餐厅经营成败的关键。因此，餐厅服务心理的研究对象自然也包括服务员。餐厅的管理人员只有了解员工，尊重员工，充分调动员工的工作积极性，科学合理地使用员工，才能使员工在愉快的心情下进行工作，从而高质量地完成餐厅服务工作。

二、餐厅服务心理的内容

1. 服务态度

根据心理学的观点，人的态度是人对其所处的环境中各种事物的看法、喜好及行为倾向。一个人的态度将影响其行为，决定其生活方式。在餐厅服务过程中，态度在很大程度上影响了顾客的就餐行为和服务员的服务工作。

服务态度是指服务员对服务环境中的顾客和其所从事的服务工作的看法、情感与行为倾向，它是服务质量的一个重要内容。服务员如何认识和理解服务对象，如何认识和理解服务工作，对服务对象和服务工作的热情程度，以及所采取的行为都是服务态度的体现。

2. 服务语言

在进行餐厅服务过程中，语言是服务员向顾客提供服务或传递服务信息的主要工具。所谓服务语言是指在服务过程中服务员通过使用一定的词汇与语调来表达想法和感情，从而达到与顾客交流的目的。

由于语言通常能给人以最直接、最强烈的刺激和体验，因此，服务员在服务过程中使用语言应十分谨慎，避免使顾客造成误解。在餐厅中常会出现由于服务员对顾客说了一句不中听的话，使顾客心生不满从而反唇相讥，由此引起服务矛盾的产生。因此，服务语言应讲究分寸，应对得体，这样才能产生良好的互动，促进服务员与顾客间的沟通。人们常说：言为心声，语是人镜。作为餐厅服务员，在使用服务语言时应吐字清晰，表意明确，语速适中，语调温和，并配合以真挚的表情，这样既能显示服务员的素养，也能使顾客心情愉悦。

3. 服务项目、技术

服务项目是指餐厅所具有的服务功能。这种功能是由服务员与一定的服务设施相结合而产生的，服务项目的多少，是与餐厅的规模、等级和经营水平紧密联系的。服务项目的多少直接影响了顾客对餐厅的心理定位，它不仅会决定餐厅服务功能的发挥程度，也将影响餐厅的市场占有率。

餐饮企业要在顾客心中树立良好的企业形象，除了要提供良好的服务态度、优雅的服务语言，拥有较多的服务项目外，还需要服务员有娴熟的服务技术。服务技术，即服务员对餐厅服务内容和操作流程掌握的熟练程度。服务技术的好坏，直接影响顾客对餐厅的认知程度。

4. 服务时间

所谓的服务时间在餐厅服务中包含两层含义：一是从餐厅开店到闭店的整个营业时间，餐厅营业时间的长短将使顾客产生不同的心理差异；二是开店、闭店的具体时间点，这些时间点的不同也会对顾客的心理产生不同程度的影响。由于顾客的消费是围绕着不同的时间来进行的，所以服务时间是否符合顾客的要求，将对顾客的心理产生直接的影响。

第2节　餐饮顾客消费心理

一、餐饮顾客基本心理要求

顾客就餐的基本心理要求有如下几个方面：

1. 清洁卫生

这是顾客最基本和一致的心理要求，是顾客的安全需要在餐厅消费中的反映。这种要求具体包括环境的卫生、食品的卫生、餐具的卫生及服务员的个人卫生。

（1）环境的卫生

良好的卫生环境会给顾客安全、舒适、愉快的感觉。餐厅是顾客就餐的主要场所，一个清洁卫生的餐厅能够使顾客更好地进行餐饮消费。餐厅环境要做到空气清新，地面洁净，墙壁无尘、无污染，窗明门净，餐桌餐椅整齐干净，台布罩布洁净无瑕，厅内无蚊无蝇，并且尽量给顾客创造一个幽雅、舒适的饮食文化氛围。

（2）食品的卫生

常说"病从口入"，在餐厅服务中，食品的卫生特别重要。必须把提供新鲜卫生的产品放在餐厅服务工作的首位，要保证餐厅的食品原料新鲜，杜绝使用腐败变质的原料；在加工和烹调过程中，要烧透烹熟，制作凉拌、冷菜时一定要将原料洗净并科学配制，过期食品坚决禁止销售，以保证顾客的身体健康。

（3）餐具的卫生

餐厅的餐具由于是公用的，难免会沾染上一些病菌和病毒，因此，餐厅餐具的卫生就特别值得关注。为了给顾客提供洁净的就餐用品，餐厅必须配备有与营业性质相适应的专门的消毒设备，并且要有数量足够的可供周转的餐具，以保证餐具件件消毒，确保顾客的安全。只有这样，顾客才会放心，才不会对餐具"心有余悸"，以致影响就餐情绪。

（4）服务员的个人卫生

服务员是餐厅卫生形象的标志。服务员个人卫生的好坏，将在客人心中引起"晕轮效应"，影响他们对餐厅卫生状况的评价。一个精神委靡不振，头发散乱，指甲长且脏，或者服饰不整，满身油渍的服务员会直接影响顾客的就餐心情，使顾客对餐厅产生信任危机，严重影响餐厅的形象和声誉。而服务员如果在操作时不注意卫生，如发丝飘在菜盘上，指甲触到菜汤里等都会令顾客大倒胃口。因此，餐厅服务员必须做到精神饱满、体格健康、衣着整洁、操作规范，给顾客以健康安全的心理感受，满足顾客求清洁卫生的心理要求。

2. 质优价平

每位顾客都希望自己的消费是价廉物美，质、价、量相称，以较少的货币换取较大的物质利益。在这样的心理要求的支配下，顾客对所消费产品的价格往往比较敏感。因此点菜时，常常对同类菜点间的价格仔细比较，注重内容、数量，讲究味、形、色的统一，不受菜肴名称的影响，通常，女性顾客在饮食价格上要比男性更为敏感。在餐饮消费中，价廉物美是矛盾的统一，也是一种相对的要求。因此餐厅在进行产品定价时应按质论价、分等论价、优质优价、时菜时价。

3. 便利快捷

在信息社会，人们的时间观念特别强，来餐厅就餐的顾客不管时间是否充裕，都希望就餐中能得到快捷高效的服务。有急事在身的顾客、赶时间搭车船的顾客，求快求方便的心理更为突出。他们希望一进餐厅就有服务员为其服务，点菜后能尽快享用，就餐过程能受到较好的照顾，餐后希望服务员能在最短时间内提供正确的结账服务。因此，服务员在服务过程中，应集中精力，细心观察，及时发现、及时提供服务，满足顾客求方便快捷的心理。

4. 礼貌周到

礼貌待客是对服务员最基本的要求。来餐厅就餐的每位顾客都希望自己受欢迎、受尊重，服务员在工作中应尽力满足顾客这一基本心理要求。例如，工作中应使用服务敬语，要注意得体、婉转、谦虚，称呼顾客时要热情，对于顾客的合理要求尽量给予满足。

而对于那些生理上有缺陷的顾客更应给予特别细心的照顾，热情、主动、适当地帮助他们。如果顾客有某些不得体、失礼之处，也应给以宽容和谅解，使顾客感到自己是受尊重、受礼遇的人。对于不同国籍、不同民族、不同信仰的顾客，更应注意尊重其习俗和忌讳。

5. 追求特色

有特色的事物特别引人注目，并能引起人们的兴趣。这种追新猎奇的消费心理在餐饮消费中特别突出地表现出来。风味奇特、花式新颖、造型精美而富有创意的食品往往最容易引起消费者的食欲，餐厅应根据顾客这一消费心理，尽量推出一些有独特风味、时尚性强、有创意的餐饮产品，以满足顾客的需求。

而除了在食物上争创特色外，餐厅还可以在经营管理上、在餐厅的装饰装潢上创造特色，吸引消费者的眼球，进而产生经济效益。

二、不同类型顾客的消费心理及接待对策

1. 不同性别顾客的消费心理及接待对策

不同性别的顾客，由于生理、心理特点不同，在家庭及社会中所扮演的角色不同，决定了他们的消费心理特点也有所区别。

（1）男性顾客的消费心理特点

男性顾客在消费过程中冷静、果断，有较强的理智性和支配性，善于控制自己

的情绪。消费时比较注重实质，要求快捷的服务，不愿意花时间去比较和挑选，不会斤斤计较。因此在接待时要尊重他们的意愿，做介绍时言简意明，注重实质，操作动作要干脆利落。

(2) 女性顾客的消费心理特点

女性顾客的消费行为具有明显的求美、从众的心理，往往带有浓厚的感情色彩，感情细腻、情绪波动较大，容易受各种因素的影响，由此女性顾客的消费倾向不稳定。小心谨慎是女性的重要情绪特征，且富于想象，形象思维能力强，喜欢精打细算，因此挑选产品时极为谨慎，较为挑剔。她们自尊心强，对服务态度极为敏感，特别注意食品的清洁卫生程度。接待她们时，要态度热情，服务细致、周到，注意操作卫生和个人卫生。

2. 不同年龄顾客的消费心理及接待对策

各种年龄段的顾客，由于消化能力、心理发展水平的不同，生活经历、社会阅历的不同，在消费过程中也表现出风格各异的心理特点。

(1) 青年顾客的消费心理特点

青年顾客智力发育趋于成熟，思维活跃、兴趣广泛、活泼好动，情感强烈但不稳定，与服务员接触时，喜欢别人把他当做成人看待，好提出质疑和进行争论。青年顾客在消费过程中追求时尚，好奇心强，对特色项目和新奇菜肴有深厚的兴趣，以先尝为快。由于他们消费时多受情绪影响，容易感情用事，较冲动，且没有家庭经济负担，一般消费水平较高，购买能力强，决策也往往比较果断，很少犹豫不决。

青年顾客就餐时偏向速度快、菜肴质量较好、花样新颖的菜肴。他们在口感上接受能力是最强的，油腻、味重、辛辣的食物都能接受，因此可向他们推荐特色菜肴和新颖的服务消费项目，要态度热情，动作迅速。

(2) 中年顾客的消费心理特点

中年顾客成熟稳重、判断力强、生理功能趋于稳定、心理素质较为成熟，对服务质量有较强的综合评价分析能力。在消费时，受经济收入和家庭负担的影响，他们的消费心理倾向于务实，希望能品尝到满意的食品，得到迅速而优质的服务。在消费时理智胜过冲动，经验重于印象，希望得到各种需要的满足，看重餐饮企业的信誉和服务质量。一旦消费满意，他们很容易就成为回头客。

中年顾客由于饮食喜好已固定，对于他们不喜欢的菜肴，服务员不应再做过多推销。中年顾客一般要求较多，且对菜品的味道十分挑剔，所以在服务时要实事求是，注重实效和品质，尊重他们的选择。

(3) 老年顾客的消费心理特点

老年顾客由于年龄和生理机能的衰退，口感上要求较简单，但他们的心理评价功能却十分强烈，在消费中注重产品和服务的经济性、实用性，对服务态度极其敏感，自尊心强，希望得到服务员的尊重和关心。同时，老年顾客一般较为固执，有一种怀旧的心理，常认为以前的东西好，并且希望得到对方的赞同，一旦做出消费决定，就不会轻易改变。

老年顾客一般希望菜肴价格低、质量优，环境卫生，服务体贴。喜欢松软、偏清淡、易消化的食品。在为他们服务时要耐心、周到，认真听取他们的意见，说话语速放慢，语气温柔，要安排他们坐在较为安静的位置上。

3. 不同个性顾客的消费心理及接待对策

人的性格差异很大，餐厅服务中如果能对顾客的性格进行了解和鉴别，掌握他们的性格特点，可以更有针对性地为他们提供服务。餐饮顾客的性格多种多样，一般可以分为以下四类：

(1) 活跃型

这类顾客的性格外倾性明显，初次相识就给人一种随便、好相处的感觉，他们一般乐观、开朗、待人热情大方。对服务员文明有礼，不太挑剔，乐于接受服务员的建议，消费行为情绪化，好奇心强，对服务工作中出现的一些小小的失误能给予充分的谅解。对这类顾客，服务员要态度热情，主动关心，积极推销，多介绍新品种菜肴、新的服务项目，以满足其好奇心。活跃型顾客善于谈吐，除了餐饮服务外，他们也喜欢了解当地的风俗民情、旅游景点并热衷于参加各项文娱活动，因此服务员也可以进行适当的推荐。

活跃型顾客喜欢发表自己的观点，会将自己的感受与他人分享，所以会对餐厅的声誉产生极大的影响。在接待这类顾客时，要确保顾客离店时，服务中出现的所有问题都得到了妥善解决。

(2) 稳重型

这类顾客一般老成持重，行动谨慎，矜持冷静，少言寡语，好静不好动，与人交往喜欢互相尊重的态度，遇事不愿启齿求人，即使对服务或食品极不满意，也不轻易表态，因此对待这类顾客，服务员要举止端庄，多使用礼貌用语，并且能够预计客人的需要，及时提供优质服务。稳重型顾客在消费过程中显得温和、稳重，不过多地提出要求，消费习惯较保守，对餐厅推出的新品种或新增设的服务项目持观望态度。对这类顾客要尊重他们的需求，不要过多地打扰他们，在服务过程中要严格遵循服务程序与标准；与他们交谈时态度要诚恳，语气要温和，语调要平稳，操作动作不可太急躁。

(3) 急躁型

这类顾客的性格具有胆汁质的气质特征。他们对人热情、讲话速度较快、动作迅速、自制能力较差；在饮食消费时往往会独立且果断地做出决定，较少表现出优柔寡断；他们自信心较强，比较固执，好认死理，但他们通常缺乏耐心，不过多挑选，很少考虑；他们有时粗心，容易丢三落四，常显得心急火燎。

接待这类顾客应注意避免和他们讨论有争议的问题，避免产生争执。如果出现问题，应采取冷处理的方式，息事宁人，等顾客平静后再进行必要的解释，获得顾客的谅解。在服务中应迅速及时，并提醒顾客不要遗忘物品。

(4) 忧郁型

这类顾客具有抑郁质的特征。他们的特点是比较冷漠，不想说话，感情很少外露，有心事也不愿向别人讲，不愿意到热闹的场合去，自尊心强、好猜疑，一件小事也能引起其长时间的情绪变化。他们吃饭点菜时犹豫不决，难以下决定，常观望别人，受别人选择的影响。

面对这类顾客时，服务员要注意尊重他们，说话时态度要温和诚恳，不随便和他们开玩笑，以免引起他们的误会。当他们有困难时，服务员应主动提供帮助，有事与他们商量时，要把话说清楚，以免引起他们的猜忌和不安。

第3节 餐厅人际沟通的作用和技巧

人际沟通是交往双方在信息、思想和情感上的交流过程，是通过人们的直接接触而进行的一种信息沟通方式。餐厅工作人员通过与顾客之间的人际沟通来协调彼此之间的关系。人际沟通是餐厅与公众实现交流的重要手段，离开了人际沟通，餐厅就无法与公众建立和谐的关系。

一、餐厅人际沟通的基本原则

餐厅服务员每天都在与形形色色的人打交道，要让顾客喜欢本餐厅，愿意来餐厅就餐，并对餐厅留下好印象，餐厅服务人员应该遵循以下原则：

1. 诚实守信的原则

诚实，就是待人真诚，实事求是，不弄虚作假，不口是心非，不坑蒙拐骗，不搞阴谋诡计。守信，就是言而有信，恪守诺言，说话算数。诚实是信用的基础，信用是诚实的表现。待人真诚、言而有信的个性品质有利于良好人际关系的建立、维持和发展。在餐饮行业竞争激烈的市场环境下，诚实守信原则显得尤为重要。现今，假冒伪劣、不讲信用已经成为人们深恶痛绝的丑恶现象，它不仅损害了消费者的合法权益，也葬送了企业的形象和信誉。因此在进行人际沟通时，诚实守信是最基本的原则。

餐厅想要在公众中得到信任，首先就应诚信无欺地为顾客提供服务。诚实守信首先表现在对商品或服务的介绍上要实事求是，不能夸大优点或掩盖缺点，欺骗顾客。其次要讲究信用，对顾客的承诺要切实做到。如对于顾客的订餐等委托办理事项应严格按照预定的要求来予以落实，不以任何理由来进行推诿搪塞。最后还应讲求信誉，保证质量。信誉是企业的生命，是经营之本，是赢得顾客、在竞争中取胜的法宝。

只有讲求诚实守信的原则，顾客才会前来光顾。失去了顾客，餐厅就失去了生存能力。

2. 情深义重的原则

在餐饮行业中有个宗旨，即"顾客就是上帝"，而体现这一宗旨的就是为顾客提供"感情服务"。餐厅通过提供富有感情的服务，与顾客之间建立真挚的感情。所谓感情服务，主要从三个方面做起：首先，就是要把顾客当朋友，当成自己久等的贵宾，满怀热情地欢迎顾客的光临，并为他们提供最周到的服务；其次，就是要想顾客所想，急顾客所急，帮顾客所需，时时处处为顾客提供方便；最后，如果能够把顾客没想到的也替顾客考虑到，那必然能够感动顾客，赢得顾客的心。餐厅每天所接待的顾客中有不少是出门在外、人地生疏的，有时还经过旅途的艰辛，这时，如果服务员能为顾客提供充满感情的服务，设法满足顾客的需要，使顾客产生宾至如归的感觉，必然能使双方的沟通更为融洽。

3. 双向沟通的原则

餐厅中的人际沟通并不是单方面的，如果服务员只是向顾客单向沟通，而不去注意顾客的反馈，或只注重让顾客表达自己的意见，而不给予顾客任何的回应，都不能实现真正的有效沟通。人际沟通的过程是双向情感沟通的过程。餐厅服务人员要想让顾客了解餐厅，熟悉餐厅的产品、设施，就应主动向顾客介绍餐厅的情况，使顾客了解餐厅所提供的服务项目，并为顾客提供尽可能完善的服务。同时，也应注意了解顾客所需，并通过良好沟通，了解顾客对餐厅的意见及建议，以便于餐厅改进。只有进行双向沟通，餐厅与顾客的关系才能不断地向深度与广度发展。

在人际交往过程中，人们都希望别人能够承认自己的价值，希望别人能够接纳自己的意见。因此，如果不能进行双向的沟通和交流，必然使一方认为自己没有得到应有的认同，从而使交流产生障碍。

4. 互惠互利的原则

人际交往与沟通中还应遵循互惠互利的原则。正如古人所云，"将欲取之，必先予之""礼尚往来""来而不往非礼也"，只有交往的双方都能从交往中获得某种需要的满足，良好的人际关系才能建立和维系。因此，人们在交往中彼此之间都要考虑对方的价值和利益，满足各自的心理要求，使双方在交往中都得到实惠。对于餐饮经营者来说更是如此。在餐厅经营中，凡事不能仅仅从餐厅自身的利益出发，不能只顾着如何使餐厅获得更大的经济效益，而忽略顾客的利益。为什么餐饮行业经营的宗旨是"顾客至上"，就是要求餐厅应该站在顾客的立场上，考虑顾客的利益。当然，作为独立核算、自负盈亏、自主经营的企业，餐厅不是慈善机构，要考虑经济效益，但不应以牺牲顾客利益为基础，如果忽视或损害顾客的利益，不仅会损害企业的形象，也会造成企业经济效益的下降。

互惠互利的原则也不能简单地理解为物质利益上的互惠互利，它同时也是人际交往和沟通中的相互支持、相互帮助。人们常说"千里送鹅毛，礼轻情义重"，与顾客人际沟通中的互惠互利重在情而不在物，有时一句关怀的话语不仅能使顾客心情舒畅，也能使自己得到助人的乐趣。

5. 互相尊重的原则

互相尊重就是要求人们在沟通中互尊互敬，彼此信任。这是使服务交往取得满意结果的首要前提。只有尊重、理解每一位顾客，为他们创造一个良好、和谐的消费环境，才能使顾客心情宽松、愉快。在餐厅中，常要求服务员向顾客提供"微笑服务"，同时态度要和蔼、语言要亲切，这些都是餐厅人际沟通中对顾客人格尊重的具体表现。

心理学家们普遍认为，被人尊重是人的需要结构的重要因素，通常人们也喜欢尊重自己的人。因此，在进行人际沟通时，首先要考虑尊重对方，包括对方的思想感情、风俗习惯、兴趣爱好等，特别要注意尊重对方的人格。从一定程度上说，交往双方的互相尊重、彼此信任，是改善和发展双方关系的重要动力。因此，餐厅服务员在工作中，应通过听其言谈，观其行为举止来准确地判断顾客的心理状态以及心理需求，努力地把自己的情感、言语和行为举止控制在适当的范围，从而保持与顾客进行愉快的沟通。

6. 树立自身形象的原则

在与顾客进行人际沟通时，也应注意自身形象的树立。只有树立良好的自身形象，才能得到别人的喜欢，同时也会使餐厅的良好形象得以树立。在餐厅中，对服务员的语音、语调要进行反复培训，提倡使用文明用语、规范用语，这些都是为了使服务员在与顾客的沟通过程中，说出来的话使顾客更愿意听，乐意听，喜欢听。餐厅中还提倡"微笑服务"，微笑也是良好的沟通媒介，一个服务员甜美热情的微笑，加上良言妙语，必然能给顾客以美的享受，使餐厅在顾客心目中逐步树立起美好形象。

二、餐厅人际沟通的作用

1. 促进销售

餐厅作为一个企业，通过自己的合法经营，要取得一定的经济效益。餐厅经济效益的取得离不开服务员与顾客的良好沟通。而餐厅各种公关策略的执行本身就是一种促销手段。当顾客因餐厅良好的声誉而慕名前来时，服务员就可以通过和顾客的良好沟通，达到促进餐饮产品销售的目的。

顾客选择来餐厅就餐，除了求便利外，还希望能得到服务员热情的招呼，因此，通过服务员和顾客的良好沟通，顾客能更好地了解餐厅的餐饮产品，并更乐意在光顾期间多消费，同时还能促使他们再次光临和向其他人宣传餐厅。

通过和顾客的良好沟通，也能使餐厅更好地了解必要的信息，如顾客对餐厅的满意度，对菜肴的意见，其他餐饮企业的情况等。通过收集这些资料，能使餐厅更好地调整经营策略，从而占领更广阔的市场。

2. 帮助餐厅建立稳固的客户关系

餐厅和顾客之间关系的维系不仅仅需要餐厅产品、设施、服务的配合，更需要经常与顾客进行良好的沟通。现在很多经营成功的餐厅经理都会建立一份固定客户的档案，记录他们的姓名、职务、联系电话、饮食习惯、特殊纪念日等，还有许多餐厅经理会同时收存顾客的名片。

当客人初次来餐厅就餐时，服务员能够细心留意他最满意的是哪几个菜肴，将这些信息予以记录，并和顾客进行友好的沟通，了解顾客的基本信息，并进行存档。当顾客再次来餐厅就餐时，服务员如果能同老朋友一样和顾客亲切问好，不需客人指示，就能根据顾客的喜好为顾客提供优质服务，并随时能顾及到顾客的需要，同时，还能在顾客愿意时和顾客聊聊他感兴趣的话题，这时，顾客可能就不仅仅把餐厅当做自己就餐的一个场所，而是当成自己的另一个家了。这样的顾客自然能成为餐厅稳定的客源，同时也能帮餐厅进行更好的宣传，招徕更多的客源。

餐厅管理人员也应抓住机会恰当地将自己的名片递送给顾客，当然递送名片以后就意味着要更多地关照这个顾客，以真正达到递送名片、建立稳固关系的目的。

有些有经验的老服务员也会建立自己的相对稳定的客户关系。如果每个服务员都可以通过和顾客间良好的沟通来帮助餐厅建立更多更稳定的客户关系，那么，这个餐厅将会顾客盈门，利润丰厚，服务员也必将受益。

3. 帮助餐厅树立良好的企业形象

在如今竞争激烈的形势中，一个餐厅要求得生存并获得发展，就必须树立良好的企业形象和声誉，而餐厅良好形象的树立有赖于餐厅服务人员在与顾客的沟通服务过程中进行完美体现。

一个无法很好顾及顾客心理、不能照顾到顾客需要的服务员不仅会让顾客对服务员本人产生不满，同时也会使顾客对餐厅的整体形象产生质疑。可以说，服务员的形象就代表了企业的形象。而如果服务员能在与顾客的沟通中展现出彬彬有礼、落落大方的形象，语气温和，语言得体，语调适中，并能适宜地向顾客介绍餐厅的特色，使顾客更好地了解餐厅，必然能帮助企业树立良好形象。

三、餐厅人际沟通的基本技巧

在餐厅服务过程中，服务员只有更好地与顾客进行沟通，正确运用人际关系的各种技巧、方法，灵活、巧妙地处理餐厅与顾客之间的关系，才能留住顾客，为企业树立良好的形象，带来更多的经济效益。

1. 初次交往的技巧

（1）第一印象

人们常说"第一印象是黄金"。在第一次进餐的顾客中留下一个良好的、深刻的印象，是餐饮管理人员与服务人员所希望的。第一印象对人的感觉起一种强烈的定势作用，支配人们的思维，左右人们对事物的评价。要给顾客留下良好的第一印象，既需要有形的设施设备、质价相符的名酒佳肴，更离不开优质的服务。

从服务方面来说，对于初次来餐厅就餐的顾客，服务人员要有礼貌，要展现良好的操作技能，更要有和蔼可亲的服务。如果能够通过细心地观察顾客的用餐习惯，对饮食口味有一个大致的了解，就能在顾客再次前来用餐时提供更有针对性的服务。

餐饮管理人员对新顾客，要及时沟通，通过自我介绍，递送名片等方式，与顾客建立起友好联系。顾客感觉受到了尊重、重视，必然会对餐厅留下较好的第一印象，自然会为餐厅带来更多的效益与客源。

(2) 重视对方

在餐厅服务过程中，顾客总是希望能得到别人的重视。作为一名餐厅服务员，更应该做到尊重顾客。在初次交往中，通常认为，笑容是调和剂；热情友好的眼神是交流感情的窗口；迅速记住对方的姓名是彼此重视的体现；适时地赞美对方，会让对方感到愉快，是交往过程的兴奋剂。而重视对方，尊重顾客还体现在尊重顾客的选择和他们的饮食习惯上。

(3) 察言观色

在为顾客提供服务时，察言观色是了解顾客喜好的一把钥匙。通过观察顾客的年龄、性别等，可简单分析出顾客的消费心理；通过观察顾客的服饰、国籍等，可以揣测顾客的身份及习俗；通过观察顾客的表情，可以了解顾客对菜肴或餐厅的喜好。只有善于观察，才可以掌握情况，见机行事。这样才能更好地为顾客提供优质服务。

2. 交谈技巧

交谈是人际交往中最基本、最常用，也是最重要的方式，而在餐厅中，服务员的服务离不开和顾客的交谈，因此掌握交谈的礼仪、交谈的艺术、提高自己的语言表达能力，对一名餐厅服务员来说具有十分重要的作用。

(1) 认真倾听

倾听是信息接受者了解信息发出者的本意，并给予反馈的过程。在餐厅服务中，服务员的倾听交往形式比其他的交往形式更为重要。服务员只有学会倾听，掌握认真倾听的原则，才能更好地了解顾客的需要，并对顾客的要求给予正确的回应。同时良好的倾听也能使顾客感觉受到重视，满足顾客求尊重心理，就能更友好地处理与顾客之间的关系。

在倾听时，服务员首先应向顾客表示愿意听的态度，要有诚意，如身体微微前倾，面带微笑，对顾客提出的问题做好相关记录，或适当点头表示听懂了等，而当顾客陈述完毕，服务员还应主动复述一遍。

(2) 有声语言

有声语言就是通过声音来进行信息交流。有声语言由说话的内容和语音构成。由于餐厅服务员的工作需要和顾客进行语言的交流，因此服务员应该运用清晰的吐字、适宜的速度、和谐的节奏，把想要表达的意思自然地表达出来。服务员自然、亲切、悦耳的语言，能使顾客产生温馨且受照顾的感觉，从而使顾客更愿意在餐厅进行消费。而服务员在与顾客交流中，也应注意使用礼貌用语。

在为顾客服务时应做到"五声",即顾客来时有迎声,遇到顾客时有称呼声,受到帮助有谢声,工作失误有致歉声,顾客离店时有送声。在工作中,"十一字"的礼貌用语应经常挂嘴边,即您、您好、对不起、谢谢您、再见。与客人谈话时禁止使用"四语",即蔑视语、烦躁语、否定语和顶撞语。

(3) 无声语言

无声语言又称非自然语言和姿势语言。一般人们将它分为三大类：表情语言、动作语言、体态语言。人们常认为,无声语言是用以传情达意的一种辅助工具,甚至有的专家认为无声语言所显示的语言意义比有声语言更多、更深刻。有心理学家通过大量的实验,总结出人际交往中感情表达的公式是：

感情表达＝7％语言＋38％声音＋55％表情

可见,无声语言在人际交流中的作用是十分重要的。

A. 表情语言。人们通过面部表情的变化去说明和回答问题,它是一种最迅速、最灵敏、最充分地反映出各种心理变化的语言形式。通常可以通过对人面部的颜色和肌肉的变化来观察一个人的心理情绪。如面部绯红是兴奋的表现；面红耳赤可能是激动的表现,也可能是害羞或者心虚、恼怒的表现；板着脸说明不高兴等。

B. 动作语言。动作语言通常是由包括人的手、脚、躯体、头部等运动而表达出来的一定的意思。如握手可表示欢迎、问候,也能表达不满；鼓掌有时表示鼓励,有时也是喝倒彩等。动作所表达的含义多种多样,但也会因为民族、地域的不同而产生差异。但人们相同的动作语言大都是约定俗成的。如竖起大拇指表示赞扬,竖起食指和中指,打出"V"的手势表示胜利、成功等。

C. 体态语言。体态语言指一个人的动作姿态,如坐、立、行等以及一个人的仪容仪表。对于服务员来说,良好的体态能使服务员展现出落落大方、优雅从容的形象,能使顾客认为其有良好的素质修养和风度,会为餐厅服务增色不少。而服务员仪容仪表的端庄大方,更是对顾客礼貌的体现。因此,服务员在上岗时应按照餐厅的要求进行着装和打扮,保持整洁。

3. 语言技巧

餐厅服务员向顾客提供服务离不开语言,语言运用得好与坏直接关系到服务效果的好坏,因此餐饮服务员要谈吐优雅、语言轻柔、语调亲切、音量适中。

(1) 称呼要礼貌亲切

礼貌的称呼应该是让顾客听起来亲切、顺耳、自然的,同时还应注意使用敬语,通过"您"这个礼貌称呼的使用,能更好地体现对对方尊重及自身的修养。

1) 对男性顾客一般应称"先生",在知道顾客姓名时,最好称"×先生"。

2) 对年轻的女性顾客可称"小姐",对已婚的女性顾客可称"夫人",对不知是否已婚的女性顾客,可称"女士"。

3) 对有学位或有相应职位的顾客,可称"××博士先生""××部长先生",有时对于一些高级官员,特别是国外宾客,可在称呼后加上"阁下"两字表示尊重。

(2) 接待语言要主动热情

当顾客走进餐厅时,服务员应主动地表示问候。最常用的问候语是"您好,欢迎光临",并辅以简单的手势,使顾客能深刻感受到服务员的热情欢迎,得到感情上的满足,为后来的消费行为奠定良好的基础。服务员在进行问候时,应该根据不同的时间主动向顾客问好,如"您好!""早上好!"等。而当向就餐顾客道别时,应主动说:"再见!""希望您再次光临!"。

(3) 注意服务语言的灵活性

餐厅中所接待的顾客来自于各个地方,他们的性格、职业、文化修养、风俗习惯等各有不同,因此使用服务语言时不能千篇一律,而应根据不同对象灵活运用。这就要求服务员应了解不同国家、民族顾客的语言习惯。如在我国,有时为了表示谢意,通常会多说几句感激的话来表示自己的诚意;而在欧美国家,这么做对方有可能会觉得你过于谦卑和虚伪而无法忍受,因此在使用服务语言时,服务员也应灵活把握好度。

(4) 语言要通俗简明

面对顾客时,服务员通常使用的是口头表达方式,因此服务语言应力求言简意赅,重点清楚,不能为了体现自身的水平而卖弄辞藻、咬文嚼字。语言应该规范,力求使顾客听得懂、愿意听、有兴趣、高兴接受。

(5) 服务用语要声、情、形并茂

让顾客满意的服务语言还需要适宜的动作来配合、自然的表情相呼应、柔和的语调相陪衬,这样才能收到良好的效果。即使服务员讲话时声音优美动听,语言幽默,可如果动作不雅、表情冷淡、语调做作,一样会使顾客心生厌恶,甚至拒绝接受服务。

4. 应急的语言技巧

虽然餐厅服务应按规程进行,但有时也应由服务员在规程的基础上,通过应急的语言,来灵活妥善地处理突发事件,巧妙地进行应对,从而化尴尬为自如,变紧张为轻松,使被动变为主动。

(1) 注意委婉语言的运用

在餐厅服务过程中常会发生一些意外情况，为了减少矛盾，避免产生争执，通过委婉的言语往往能更好地解决问题。所谓委婉就是为了达到自己的目的，在不便直说的情况下所使用的一种比较委婉而含蓄的表达方式，服务员通过语气温和、言辞优美、语义含蓄的表达使客人易于接受又不失本意。如顾客在餐厅就餐完毕后没结账就走了，这时服务员如果直接大声嚷嚷让顾客买单，虽然能追回账单，但必然会引起顾客的尴尬和反感。而如果服务员能走到顾客身边，将账单递给顾客，并温和地向顾客道歉，表示："不好意思，先生，我忘了给您账单，请原谅我的疏忽。"顾客听后，通常会立即付清账单。这样，服务员通过委婉而巧妙的语言、主动承担责任的态度，就能将问题顺利解决。

(2) 幽默风趣

服务员要具备语言的应变能力，应根据不同的场合和情况灵活使用语言，并通过幽默风趣的谈吐，使餐厅气氛融洽。例如，当顾客不小心将餐具打落，感觉很不吉利时，如果服务员能适时地向顾客表示，餐具碎裂寓意"岁岁平安"，顾客自然会转化心情，使原先紧张的气氛得以缓解。

思考题

1. 顾客就餐时有哪些心理需求？
2. 餐厅服务心理的内容包括哪些？
3. 简述老年顾客的消费心理特点。
4. 餐厅服务员应掌握哪些语言技巧？
5. 餐厅人际沟通的基本原则有哪些？
6. 按照个性分，餐厅顾客有哪些类型？每种类型具有什么特征？

第 4 章
饮食营养

第 1 节 能量与宏量营养素

通常把机体摄取、消化、吸收和利用食物中的成分以维持生命活动的整个过程,称为营养或营养作用。食物中所含的能够维持人体正常生理功能、生命活动和生长发育所必需的成分,称为营养素。重要的营养素有蛋白质、脂类、碳水化合物、维生素、无机盐和水。蛋白质、碳水化合物和脂类属于宏量营养素,是提供我们身体能量的主要营养成分。

一、能量

能量,又称热量、热能等,它是维持生命的能源。人从出生到死亡,一生中都必须从食物中获取所需的能量,以满足工作、学习、劳动、运动和其他一切活动以及维持正常体温和各种生理活动与生长发育的需要。能量是蛋白质、脂肪和碳水化合物在体内氧代谢过程中产生的。

1. 能量的供给

我国人民所摄取食物中的营养素,以碳水化合物所占的比重最大,占机体所需能量的 50% 以上。葡萄糖被吸收后,有一部分以糖原的形式储存在肝脏和肌肉中,满足骨骼肌需要和维持血糖水平的相对稳定。脑组织消耗能量较多,其能量来自碳水化合物,在有氧的条件下氧化,因而脑组织对缺氧非常敏感。

在正常情况下,人体所消耗的能源物质中有 40%~50% 来自体内的脂肪,其中包括从食物中摄取的碳水化合物所转化成的脂肪。在短期饥饿情况下,则主要由体内的脂肪供给能量。脂肪是重要的能源物质,但它不能在机体缺氧条件下供给能量。

人体在一般情况下主要利用碳水化合物和脂肪氧化供能。在特殊情况下,如长期不能进食或消耗量过大,体内的糖原和储存脂肪已大量消耗之后,将依靠组织蛋白质分解产生氨基酸来获得能量,以维持必要的生理功能。

三类产能营养素在体内都有其特殊的生理功能并且彼此相互影响,如碳水化合物与脂肪的相互转化及它们对蛋白质有节约作用。因此,三者在总能量供给中应有一个恰当的比例。根据我国的饮食特点,成人碳水化合物供给的能量以占总能量的55%~65%,脂肪占20%~30%,蛋白质占10%~15%为宜。年龄越小,蛋白质及脂肪供能占的比例相应增加。成人脂肪摄入量一般不宜超过总能量的30%。

2. 人体能量的消耗

在理想的平衡状态下,个体的能量需要量等于其消耗量,即遵守能量守恒定律。成年人的能量消耗主要用于维持基础代谢、体力活动和食物热效应。

基础代谢消耗能量是指人体维持生命的所有器官所需要的最低能量需要,体力活动消耗能量是指运动或劳动等体力活动时肌肉需要消耗的能量,食物热效应是指由于进食而引起能量消耗增加的现象。例如,进食碳水化合物可使能量消耗增加5%~6%。食物热效应只能增加体热的外散,而不能增加可利用的能。因此,为了保存体内的营养储备,进食时必须考虑食物热效应额外消耗的能量,使摄入的能量与消耗的能量保持平衡。

3. 能量的食物来源

粮谷类和薯类食物含碳水化合物较多,是膳食能量最经济的来源。油料作物富含脂肪,动物性食物一般比植物性食物含有更多的脂肪和蛋白质,但大豆和坚果类例外,它们含丰富的油脂和蛋白质,蔬菜和水果一般含能量较少。

二、蛋白质

生命的产生、存在和消亡都与蛋白质有关,蛋白质是生命的基础,没有蛋白质就没有生命。蛋白质由碳、氢、氧、氮及硫元素组成,是由20种基本氨基酸以肽键连接在一起,并形成一定的空间结构的生物高分子化合物。由于碳水化合物和脂肪中仅含碳、氢、氧,不含氮,所以蛋白质是人体氮的唯一来源。

氨基酸是组成蛋白质的基本单位,可以分为必需氨基酸、非必需氨基酸及条件必需氨基酸。必需氨基酸是指不能在体内合成或合成速度不够快，必须由食物供给的氨基酸。已知人体的必需氨基酸有9种，即异亮氨酸、亮氨酸、赖氨酸、蛋氨酸、苯丙氨酸、苏氨酸、色氨酸、缬氨酸及组氨酸（儿童需要）。非必需氨基酸是指能在体内合成的氨基酸，并非体内不需要，食物中缺少了也无妨。半胱氨酸和酪氨酸在体内分别能由蛋氨酸和苯丙氨酸合成，这两种氨基酸如果在膳食中含量丰富，则有节省蛋氨酸和苯丙氨酸两种必需氨基酸的作用，半胱氨酸和酪氨酸为条件必需氨基酸或半需氨基酸。

1. 蛋白质的生理功能

（1）构成和修复组织

蛋白质是构成机体组织、器官的重要成分，如肌肉组织和心、肝、肾等器官均含有大量蛋白质，蛋白质约占细胞内物质的80%。身体的生长发育可视为蛋白质的不断积累过程。蛋白质对生长发育期的儿童尤为重要，人体受伤后也需要蛋白质作为修复材料。

（2）调节生理功能

蛋白质是多种重要生理活性物质的构成成分，参与调节生理功能。酶蛋白具有促进食物消化的作用，免疫蛋白具有维持机体免疫功能的作用，血红蛋白具有携带、运送氧的功能；由蛋白质或蛋白质衍生物构成的某些激素，如垂体激素、甲状腺素、胰岛素及肾上腺素等都是机体的重要调节物质。

（3）供给能量

蛋白质在体内降解成氨基酸后，经脱氨基作用生成α-酮酸，α-酮酸可以直接或间接经三羧酸循环氧化分解，同时释放能量，这是人体能量来源之一。但供给能量不是蛋白质的主要功能。蛋白质中含碳、氢、氧元素，当机体需要时，蛋白质可以被代谢分解，释放出热能。

2. 蛋白质消化吸收

膳食中的蛋白质消化从胃开始。胃酸先使蛋白质变性，胃蛋白酶可分解蛋白质。但蛋白质消化的主要场所在小肠，由胰腺分泌的胰蛋白酶和糜蛋白酶使蛋白质在小肠中被分解为氨基酸和部分二肽和三肽，在小肠肽酶作用下进一步分解为氨基酸后被吸收。

为了提高食物蛋白质的营养价值，往往将两种或两种以上的食物混合食用，以相互补充其必需氨基酸不足，达到以多补少，提高膳食蛋白质营养价值的目的，这称为蛋白质互补作用。例如，将大豆制品和米面按一定比例同时或相隔4 h以内食用，大豆蛋白可弥补米面蛋白质中赖氨酸的不足，同时米面也可在一定程度上补充大豆蛋白中蛋氨酸的不足，使混合蛋白的氨基酸比例更接近人体需要，从而提高膳食蛋白质的营养价值。

3. 膳食参考摄入量和食物来源

成人每千克体重每天摄入 80 g 蛋白质较好。我国由于以植物性食物为主，蛋白质质量较差，所以参考摄入量按 1.0～1.2 g/kg 体重计。

蛋白质广泛存在于动植物性食物中。蛋白质质量分数丰富的食物为各种肉类（主要为肌肉）、蛋类、奶及其制品、大豆及其制品。动物性蛋白质质量好，但同时富含饱和脂肪酸和胆固醇，植物性蛋白质利用率较低。

三、脂类

脂类是一大类疏水性生物物质的总称，一般包括脂肪和类脂。脂肪的化学结构是三酯甘油，即三分子脂肪酸与甘油形成的酯。常用的食用油脂主要是各种脂肪的混合物。

脂肪酸按饱和度分类可分为饱和脂肪酸与不饱和脂肪酸两大类。其中不饱和脂肪酸再按不饱和程度分为单不饱和脂肪酸与多不饱和脂肪酸。按营养角度分类可分为非必需脂肪酸和必需脂肪酸。非必需脂肪酸是机体可以自行合成，不必依靠食物供应的脂肪酸，它包括饱和脂肪酸和一些单不饱和脂肪酸。而必需脂肪酸为人体健康和生命所必需，但机体自己不能合成，必须依赖食物供应的脂肪酸，它们都是不饱和脂肪酸。必需脂肪酸不仅为营养所必需，而且与儿童生长发育和成长健康有关，更有降血脂、防治冠心病等治疗作用，且与智力发育、记忆等生理功能有一定关系。目前认为必需脂肪酸有亚油酸和 α-亚麻酸，它们有十分重要的生理功能。

1. 脂类的生理功能

（1）脂肪生理功能

脂肪是人体能量的重要来源，能够促进脂溶性维生素吸收，维持体温、保护脏器，因脂肪在胃内停留时间较长，食用脂肪能增加饱腹感。脂肪在烹饪过程中使膳食增味添香，提高膳食感官性状。

（2）类脂生理功能

类脂的主要功能是构成身体组织和一些重要的生理活性物质。例如，磷脂与蛋白质结合形成的脂蛋白是细胞膜和亚细胞器膜的重要成分，对维持膜的通透性有重要作用；鞘磷脂是神经鞘的重要成分，可保持神经鞘的绝缘性；脑磷脂大量存在于脑白质，参与神经冲动的传导；胆固醇是所有体细胞的构成成分，并大量存在于神经组织。

(3) 必需脂肪酸生理功能

必需脂肪酸是构成线粒体和细胞膜的重要组成成分，能够合成前列腺素的前体，参与胆固醇代谢，参与动物精子的形成以及维护视力正常。但是，过多地摄入必需脂肪酸，也可使体内氧化物、过氧化物等增加，同样对机体产生不利影响。

2. 脂类的消化与吸收

脂类需先乳化成亲水性小油滴，然后再消化吸收。这个过程通过胃、小肠的蠕动和胆酸盐、磷脂等乳化剂参与来实现，并在小肠内完成吸收。脂肪酸在组织细胞中可通过 β-氧化分解，为机体供能。

3. 脂类的需求和食物来源

膳食中脂类摄入的绝对量应该由总能量供给决定，并因为不同人群而异，儿童和少年脂肪所供能量占总摄入能量的比率为 25%～30%，成人为 20%～25%。我国居民的膳食总脂肪摄入量平均每天 60～70 g。

脂肪的食物来源丰富，主要有动物性食物，如猪肉、牛肉、羊肉及其制品；还有植物性食物及其制品，油料作物如大豆、花生、芝麻等含油量丰富。

四、碳水化合物

碳水化合物是由碳、氢、氧三种元素组成的一大类化合物，是大部分人摄取能量最经济和最主要的来源。它们也是机体的重要组成成分，与机体某些营养素的正常代谢关系密切，具有重要的生理功能。

根据碳水化合物的化学结构（聚合度 DP）和生理功能，特别是碳水化合物是否可在小肠消化和结肠中发酵的生理特点，将食物中的碳水化合物分为单糖、双糖、寡糖和多糖四类。通常所说的糖指单糖、双糖。

1. 碳水化合物的生理功能

(1) 供给和储存能量

人体所需能量中，55%～65% 由碳水化合物提供。糖原储存于肌肉和肝脏中，一旦机体需要，糖原即迅速分解为葡萄糖以提供能量，维持神经系统、心脏和肌肉活动的正常供能。

(2) 构成组织及重要生命物质

细胞含碳水化合物为 2%～10%，参与细胞的组成和多种活动。主要以糖脂、糖蛋白和蛋白多糖的形式存在。

（3）节约蛋白质作用

机体需要的能量主要由碳水化合物提供。机体摄入足够量的碳水化合物则能预防体内蛋白质消耗。膳食中碳水化合物供应不足时，则通过糖原异生作用动用蛋白质以产生葡萄糖，供给能量。

（4）抗生酮作用

当膳食中碳水化合物供应不足时，草酰乙酸供应相应减少，体内脂肪加速分解为脂肪酸来供应能量。如果草酰乙酸不足，脂肪酸就不能彻底氧化而产生过多的酮体在体内蓄积，以致产生酮血症和酮尿症。膳食中充足的碳水化合物可以防止上述现象的发生，碳水化合物有抗生酮作用。

（5）解毒作用

经糖醛酸途径生成的葡萄糖醛酸，是体内一种重要的结合解毒剂。在肝脏中能与许多有害物质如细菌毒素、酒精、砷等结合，以消除或减轻这些物质的毒性或生物活性，从而起到解毒作用。

（6）增强肠道功能

非淀粉多糖类如纤维素和果胶等膳食纤维虽不能在小肠消化吸收，但刺激肠道蠕动，增加了结肠内的发酵，发酵产生的短链脂肪酸和肠道菌群增殖，有助于正常消化和增加排便量。

2. 碳水化合物消化与吸收

碳水化合物的消化吸收主要在小肠中进行，但小肠中未彻底消化以及不能消化的碳水化合物在结肠中经肠道微生物发酵后，产生短链脂肪酸，如乙酸、丙酸、丁酸等，能改善肠道微生物菌群，对人体降血脂、调节血糖、清除肠道毒素和废物如氨、酚有帮助。碳水化合物以单糖形式在小肠上部被吸收，进入血液。

3. 碳水化合物的需求和食物来源

根据联合国粮食及农业组织（Food and Agriculture Organization，FAO）和世界卫生组织（World Health Organization，WHO）的建议，中国居民膳食营养素参考摄入量中的碳水化合物适宜摄入量为占总能量的55%~65%，比值不要低于20%，每日至少摄入50~100 g碳水化合物。碳水化合物的食物来源丰富，其中谷类、薯类和豆类是淀粉的主要来源，一般谷类提供的碳水化合物占总能量的50%左右较合理。水果、蔬菜主要提供包括非淀粉多糖如纤维素和果胶、不消化的抗性淀粉、单糖和低聚糖类等碳水化合物。牛奶能提供乳糖。总之，我国居民，应以谷类食物为主要碳水化合物，增加豆类及豆制品的摄入量以及多吃水果、蔬菜和薯类。

第2节 微量营养素

矿物质和维生素因需要量较少，在膳食中所占比重也小，称为微量营养素。矿物质又分常量元素和微量元素，常量元素在人体内含量相对较多，微量元素在人体内含量很少。

一、矿物质

1. 钙

钙约占体重的2%，成人体内含钙总量约为1 200 g。约99%的钙集中在骨骼和牙齿中，约1%的钙以游离的或结合的离子状态存在于软组织、细胞外液及血液中。

钙能够形成和维持骨骼和牙齿的结构；能够维持肌肉和神经的正常活动，如血清钙离子浓度降低时，肌肉神经的兴奋性增高，可引起手足抽搐；而钙离子浓度过高时，则损害肌肉的收缩功能，引起心脏和呼吸衰竭；能激活凝血酶原的作用，参与血凝过程；钙在体内还参与调节或激活多种酶的活性作用，对激素的分泌也有影响等。

奶和奶制品是钙的最好食物来源，含量丰富，且吸收率高。豆类、坚果类、绿色蔬菜、瓜子、虾皮、海带、芝麻酱等含钙量高。

2. 铁

人体铁总量为4～5 g，以功能性铁和储存铁两种形式存在体内。

功能性铁是铁的主要存在形式，其中血红蛋白含铁量占总铁量的60%～75%，3%为肌红蛋白，1%为含铁酶类，这些铁参与氧的转运和利用。储存铁以铁蛋白和含铁血黄素形式存在于肝、脾与骨髓中，约占体内总铁量的25%～30%。人体器官铁含量，以肝、脾为最高，其次为肾、心、骨骼肌与脑。

铁为血红蛋白与肌红蛋白、细胞色素A以及一些呼吸酶的成分，参与体内氧与二氧化碳的转运、交换；铁与红细胞形成和成熟有关，铁在骨髓造血组织中，进入幼红细胞内，与卟啉结合形成正铁血红素，后者再与珠蛋白合成血红蛋白；铁可增加免疫力，增加中性粒细胞和吞噬细胞的功能；另外，铁还有催化促进β-胡萝卜素转化为维生素A、参与嘌呤与胶原的合成、抗体的产生及药物在肝脏内的解毒等功能。

铁在体内代谢中，可被身体反复利用，一般除肠道分泌和皮肤、消化道、尿道上皮脱落损失少量外，排出铁的量很少。只要从食物中吸收加以补充，即可满足机体需要。铁广泛存在于各种食物中，但分布极不均衡，吸收率相差也极大。动物性食物铁的含量和吸收率均较高。因此膳食中铁的良好来源主要为动物肝脏、动物血、畜禽肉类、鱼类。蔬菜中含铁量不高，油菜、苋菜、菠菜、韭菜等所含的铁利用率不高。

3. 碘

人体内约含碘 20~50 mg。甲状腺组织内含碘最多，约占体内总碘量的 20%。其余的碘存在于血浆、肌肉、肾上腺和中枢神经系统等组织中。

碘在体内主要参与甲状腺激素的合成，其生理作用也是通过甲状腺激素的作用表现出来的。至今尚未发现碘的独立功能。碘能够参与能量代谢，促进代谢和体格的生长发育，促进神经系统发育等。

人类所需的碘，主要来自食物，约为一日总摄入量 80%~90%，其次为饮水与食盐。海洋生物含碘量很高，如海带、紫菜、鲜海鱼、蚶干、蛤干、干贝、海参、海蜇、龙虾等，其中干海带含碘可达 240 mg/kg。

4. 锌

成人体内锌含量约 2.0~2.5 g，以肝、肾、肌肉、视网膜、前列腺为高。血液中 75%~85% 的锌分布于红细胞，3%~5% 分布于白细胞，其余在血浆中。锌对生长发育、免疫功能、物质代谢和生殖功能等均有重要作用。

锌的生理功能一般分为三个部分：催化作用、结构作用、调节功能。有近百种酶依赖锌的催化，细胞质膜中，锌主要结合在细胞膜含硫、氮的配基上，少数结合在含氧的配基上，形成牢固的复合物，从而维持细胞膜稳定，减少毒素吸收和组织损伤。锌对蛋白质的合成和代谢的调节作用还表现在对机体免疫功能的调节。锌对激素的调节和影响有重要生物意义。植物性食物中含有的植酸、鞣酸和纤维素等均不利于锌的吸收。维生素 D 可促进锌的吸收。

一般来说，贝壳类海产品、红色肉类、动物内脏类都是锌的极好来源，干果类、谷类胚芽和麦麸也富含锌，一般植物性食物含锌较低。

5. 钠

钠是人体中的重要无机元素，成人体内钠含量为 77（女）~100 g（男），约占体重的 0.15%。食盐是人体获得钠的主要来源。正常情况下，钠摄入过多并不在体内蓄积，而一般食物或烹调中的钠也不会因过量而引起中毒。成人一日摄入35~40 g食盐可引起急性中毒，出现水肿。如误将食盐当做食糖加入婴儿奶粉中喂食，会引起中毒甚至死亡。意外钠中毒引发高钠血症的死亡率为43%。

膳食钠参考摄入量见表4—1。

表4—1　　　　　　　　中国居民膳食钠适宜摄入量（AI）

年龄（岁）	适宜摄入量（mg）	年龄（岁）	适宜摄入量（mg）
0~0.5	200	11~14	1 200
0.5~1	500	14~18	1 800
1~4	650	18岁以上	2 200
4~7	900	孕妇、乳母	2 200
7~11	1 000		

钠具有调节体内水分与渗透压，维持酸碱平衡，增强神经肌肉兴奋性，维持血压正常等生理功能。

动物性食物钠含量高于植物性食物钠含量。但人体钠主要来源为食盐（钠）、加入含钠（味精、鸡精及小苏打等）的食物、酱油、盐渍或腌制肉或烟熏食品、酱咸菜类、发酵豆制品、咸味休闲食品等。

二、维生素

维生素是维持机体正常生理功能及细胞内特异代谢反应所必需的一类微量低分子有机化合物，目前已知有20多种维生素。根据维生素的溶解性可将其分为脂溶性维生素和水溶性维生素两大类。脂溶性维生素包括维生素A、维生素D、维生素E、维生素K，水溶性维生素包括维生素B_1、维生素B_2、维生素B_6、维生素B_{12}、维生素C、叶酸、泛酸、烟酸、胆碱、生物素等。

1. 维生素A

维生素A又称为视黄醇、抗干眼病维生素，是指含有β-紫罗酮环的多烯基结构并具有视黄醇生物活性的一大类物质。狭义的维生素A仅指视黄醇，广义的则包括维生素A和维生素A原。

维生素A具有维持正常视觉、维持上皮的正常生长与分化、促进生长与生殖、促进骨骼和牙齿的发育、抑癌、维持机体正常免疫等重要的生理功能。维生素A缺乏可引起眼病和上皮组织角化、肿瘤等疾病。维生素A缺乏最早的症状是暗适应能力下降，严重者可致夜盲症、干眼病。维生素A缺乏还会引起机体上皮组织分化不良、免疫功能低下和对感染敏感性增强。

各种动物性食品是维生素A的最好来源,动物肝脏中维生素A最为丰富,鱼肝油、鱼卵、奶、禽蛋等也是维生素A的良好来源;维生素A原的良好来源是深色或红黄色的蔬菜和水果。

2. 维生素D

维生素D具有抗佝偻病的作用,所以维生素D又被称为抗佝偻病维生素。人体可通过两条途径获得维生素D,即从食物中摄取和皮肤内形成。人的皮肤中含有一定量的7-脱氢胆固醇,经阳光或紫外线照射可转变成维生素D。膳食中的维生素D在胆汁的作用下与脂肪一起被吸收,在小肠乳化形成胶团被吸收进入血液。

维生素D能够促进小肠对钙的吸收,促进肾小管对钙、磷的重吸收,并且通过维生素D的内分泌系统调节血钙平衡,影响骨骼钙化;维生素D还具有免疫调节功能。

维生素D的主要食物来源包括高脂海水鱼及其鱼卵、动物肝脏、蛋黄、奶油和奶酪等动物性食品,鱼肝油中维生素D高、量大,是最常见的维生素D补充剂。

3. 维生素E

维生素E又称生育酚,对热及酸稳定,即使加热至200℃也不能被破坏。但维生素E对氧十分敏感,易被氧化破坏,油脂酸败加速对维生素E的破坏。

维生素E具有抗氧化作用、预防衰老作用,与动物的生殖功能关系密切,能够调节血小板的黏附力和聚集作用,还具有促进肌肉正常生长发育、治疗贫血等作用。维生素E缺乏症在人类身上极为少见,表现为溶血性贫血。维生素E缺乏可能增加动脉粥样硬化、癌(如肺癌、乳腺癌)、白内障以及其他老年退行性病变的危险性。

维生素E在自然界中分布很广,一般情况下不会缺乏。食用油脂中的维生素E质量高,蛋类、鸡(鸭)肫、豆类、坚果、植物种子、绿叶蔬菜中含有一定量维生素E;肉、鱼类动物性食品,水果及其他蔬菜中的维生素E质量较低。

4. 维生素B_1

维生素B_1又称为硫胺素或抗脚气病维生素,是人类发现最早的维生素之一。常见的维生素B_1以盐酸盐的形式存在。在干燥和酸性溶液中稳定,对温度和氧气也较稳定,但在247~249℃时容易分解。在紫外线照射下,碱性环境中维生素B_1会加速分解破坏,铜离子会加快维生素B_1的分解。烹调食品时如果加碱过多,或油炸食品温度过高,都会导致维生素B_1的大量损失。

维生素B_1在肝脏被磷酸转化成为焦磷酸维生素B_1,并以此构成重要的辅酶参与机体代谢;能够促进胃肠蠕动,对神经组织有积极作用。维生素B_1在体内储存量极少，若摄入不足可引起维生素 B_1 缺乏症，即脚气病。

维生素 B_1 广泛分布于整个动植物界，并且可以多种形式存在于各类食物中。其良好来源是动物的内脏（肝、肾、心）、瘦肉、全谷、豆类和坚果。

5. 维生素 B_2

维生素 B_2 又称为核黄素，为橙黄色针状结晶，带有微苦味，水溶性较低。在酸性条件下对热稳定，加热到 100℃ 时仍能保持活性，在碱性环境中易被分解破坏。

维生素 B_2 是机体许多重要辅酶的组成成分。在生物氧化过程中起电子传递的作用，能催化氧化还原反应，在呼吸链的能量产生中发挥极其重要的作用。维生素 B_2 还在氨基酸和脂肪氧化、嘌呤碱转化成尿酸、芳香族化合物的羟化、蛋白质与某些激素的合成以及体内铁的转运过程中发挥重要作用。摄入不足和酗酒是维生素 B_2 缺乏最常见的原因。维生素 B_2 缺乏症表现为疲倦、乏力，出现口角裂纹、口腔黏膜溃疡及地图舌等口腔症状，皮肤出现丘疹或湿疹性阴囊炎、脂溢性皮炎，眼部出现角膜毛细血管增生等。

一般食物中维生素 B_2 的含量都不算高，但动物内脏中维生素 B_2 很丰富，尤其是肝脏含量最高。其他动物性食物如猪肉、鸡蛋，水产品中的鳝鱼、河蟹等也都含有较多的维生素 B_2。植物性食物中的菌藻类食物如蘑菇、海带、紫菜中含维生素 B_2 较多。如每 100 g 北京口蘑含维生素 B_2 为 2.53 mg，元蘑中含量最高，可达 7.09 mg。海带和紫菜中的维生素 B_2 分别为每 100 g 0.36 mg 和 2.07 mg。绿叶菜中每 100 mg 含维生素 B_2 为 0.08～0.16 mg，如果每天吃 400～500 g 绿叶菜也可得到相当数量的维生素 B_2。

6. 维生素 C

维生素 C 又名抗坏血酸，属于不稳定的维生素，温度、pH 值、氧、酶、金属离子、紫外线等因子都影响其稳定性。

维生素 C 能够促进生物氧化还原过程，维持细胞膜完整性，它作为酶的辅助因子或辅助底物参与多种重要的生物合成过程，能够促进类固醇的代谢，改善对铁、钙和叶酸的利用，并能够促进伤口愈合。当维生素 C 摄入严重不足时，可引起坏血病。表现为疲劳倦怠、皮肤出现瘀点、毛囊过度角化，继而出现牙龈肿胀出血，眼球结膜出血，机体抵抗力下降，伤口愈合迟缓，关节疼痛，同时伴有轻度贫血以及多疑、抑郁等神经症状。

维生素 C 主要存在于新鲜的蔬菜和水果中，如柿子椒、番茄、菜花、苦瓜及各种深色叶菜类，水果中的柑橘、柠檬、青枣、山楂等维生素 C 含量丰富，猕猴桃、沙棘、刺梨等维生素C含量尤为丰富。

7. 维生素PP

维生素PP又称为烟酸、尼克酸、抗癞皮病因子。维生素PP溶于水和乙醇，对酸、碱、光、热稳定，一般烹调损失小，是性质最为稳定的一种维生素。

维生素PP在体内是一系列辅酶的重要成分，几乎参与细胞内生物氧化还原的全过程，起电子载体的作用。它还是葡萄糖耐量因子的重要成分，具有增强胰岛素效能的作用。维生素PP缺乏症又称癞皮病，典型病例有皮炎、腹泻和痴呆等。

维生素PP广泛存在于动植物性食物中，良好的来源为菌类、酵母，其次为动物内脏（肝、肾）、瘦肉、全谷、豆类等，绿叶蔬菜中也含有相当数量。乳类和蛋类维生素PP含量较低，但是含有丰富的色氨酸，在体内可以转化为维生素PP。

第3节 水和膳食纤维

一、水

水是构成身体的主要成分之一，还具有调节生理功能的作用。新生儿总体水最多，约占体重的80%；成年男子总体水约为体重的60%，女子为50%～55%。

1. 水的生理功能

水是构成细胞和体液的重要组成部分，如血液中含水量占80%以上。水广泛分布在组织细胞内外，构成人体的内环境；水参与人体内物质代谢。水的溶解力很强，并有较大的电解力，可使水溶物质以溶解状态和电解质离子状态存在。水能够调节体温，在高温下，水分经皮肤蒸发散热，以维持人体体温的恒定。水对人体的关节、胸腔、腹腔和胃肠道等部位起到缓冲、润滑、保护的功效。

2. 水的来源和排泄

补充人体水的来源包括三个部分：饮用水和其他饮料、固体食物中的水、人体代谢产生的代谢水。水主要通过尿液、皮肤和肺、粪便等途径排泄。

二、膳食纤维

膳食纤维是指那些不被人体消化吸收的碳水化合物，分为水溶性膳食纤维（阿拉伯胶、琼脂、果胶、树胶等）和水不溶性膳食纤维（纤维素、半纤维素、木质素等）两大类。膳食纤维对人体具有重要的作用，主要表现为：

1. 预防便秘

膳食纤维可促进肠道蠕动，减少有害物质与肠壁的接触时间，尤其是果胶类吸水浸胀后，使大肠内容物的体积相对增加，有利于粪便排出。膳食纤维在肠腔中发酵产生二氧化碳等，利于粪便排出。

2. 调节肠内菌群和辅助抑制肿瘤作用

膳食纤维可改善肠内菌群，使双歧杆菌等有益菌活化、繁殖，从而抑制肠内有害菌的繁殖；还能促使多种致癌物随粪便一起排出，降低致癌物的浓度。

3. 减轻有害物质所导致的中毒和腹泻

膳食纤维可减缓许多有害物质对肠道的损害作用，从而减轻中毒程度。

4. 调节血脂

膳食纤维能使胆固醇向胆酸转化，降低血浆胆固醇及甘油三酯的水平，从而预防动脉粥样硬化和冠心病等心血管疾病的发生。

5. 调节血糖

膳食纤维中的可溶性纤维可延缓消化道对糖类的消化吸收，抑制餐后血糖值的上升，改善组织对胰岛素的敏感性。不溶性膳食纤维能促进人体胃肠吸收水分，使人产生饱腹感，改善糖耐量。

6. 控制肥胖

大多数富含膳食纤维的食物，仅含有少量的脂肪；而且膳食纤维能与部分脂肪酸结合，使脂肪酸的吸收减少。

第4节　平衡膳食

一、平衡膳食与合理营养

平衡膳食又称合理膳食或健康膳食，是指能够提供适宜人体热能和各种营养素需要的膳食。通过平衡膳食能够满足人体生长发育和各种生理需要，以及劳动强度及生活环境的需要，并且在各种营养素间建立起营养生理上的平衡关系。所提供的能量和全部营养素的数量，称为合理营养。合理营养是人体健康的基础，达到合理营养的物质基础就是平衡膳食。平衡膳食的基本要求如下：

1. 保证人体能量平衡

人体能量平衡是解决膳食人群温饱，以及满足平衡膳食的首要条件。人体能量的供给必须与人体活动、劳动所消耗的能量保持平衡，摄入的各种生热营养素的比例要平衡。

2. 供给种类全面的各种营养素

提供种类齐全、数量足够的营养素才能够满足机体的生理需求，平衡膳食特别注重易缺乏营养素的供给。

3. 满足营养素数量、比例的平衡

衡量膳食质量高低的重要指标是膳食中的营养素的数量和比例是否平衡，营养素摄入的数量充足不能表示营养合理，摄入的各种营养素的比例搭配是否符合机体的需求至关重要。

4. 食物组成要全面、搭配要合理

不存在含有全部人体需要营养素的食物，不同的食物为人体提供了需要的部分营养素，因此膳食中的多种食物的组合、搭配成为实现平衡膳食的重要条件。

5. 重视合理烹调，减少营养素损失

烹调过程是一个复杂的理化变化过程，采取科学的烹调方法，保持食物中的营养成分，是保证膳食平衡不可忽视的一个重要环节。

总之，平衡膳食是通过膳食人群的食物组成及个人每日、每月、每年实际摄入的食物来实现的。保证平衡膳食营养、卫生、好吃、易于消化吸收，是维持机体良好营养健康状态，改善亚健康营养状态的首要条件。

二、膳食结构

膳食结构是指膳食中各类食物的数量及其在膳食中所占的比重。根据膳食中植物性食物所占的比重，以能量、蛋白质、脂肪和碳水化合物的供给量作为划分膳食结构的标准，可将世界不同地区的膳食结构分为以下4种类型：

1. 动植物食物平衡的膳食结构

膳食中动物性食物与植物性食物比例比较适当。日本人的膳食可以作为该类型的代表。这种膳食结构的能量能够满足人体需要，又不至于过剩，蛋白质、脂肪和碳水化合物的供能比例合理，膳食纤维和来自于动物性食物的营养素均比较充足，同时动物脂肪又不高。

2. 以植物性食物为主的膳食结构

膳食构成以植物性食物为主，动物性食物为辅。大多数发展中国家的膳食属此类型。这种膳食结构的谷物食品消费量大，动物性食品消费量小。动物性蛋白质一般占蛋白质总量的 10%～20%，植物性食物提供的能量占总能量近 90%。膳食能量基本可满足人体需要，但蛋白质、脂肪摄入量均低，主要来自动物性食物的营养素（如铁、钙、维生素 A 等）摄入不足。膳食纤维充足、动物性脂肪较低，有利于冠心病和高脂血症的预防。营养缺乏病是这些国家人群的主要营养问题。

3. 以动物性食物为主的膳食结构

膳食结构中以动物性食物为主，植物性食物为辅，这种膳食结构是多数欧美发达国家的典型膳食结构，属于营养过剩型的膳食。它能够提供高能量、高脂肪、高蛋白质而膳食纤维较低。营养过剩是此类膳食结构国家人群所面临的主要健康问题。

4. 地中海膳食结构

这种膳食结构的膳食富含植物性食物，包括水果、蔬菜、薯类、谷类、豆类、果仁等，是居住在地中海地区的居民所特有的，意大利、希腊可作为其代表。食物的加工程度低，新鲜度较高，该地区居民以食用当季、当地产的食物为主，橄榄油是主要的食用油，所占比例较高，每天食用少量、适量奶酪和酸奶，每周食用少量、适量鱼、禽、蛋，以新鲜水果作为典型的每日餐后食品，甜食每周只食用几次，每月食用几次红肉（猪、牛和羊肉及其产品）。大部分成年人有饮用葡萄酒的习惯。地中海地区居民心脑血管疾病发生率很低。

三、我国的膳食结构

我国的膳食以植物性食物为主，谷类占摄入食物总量的 60%～80%，并且占总热能 70% 左右，而动物性食物所提供热能仅占 8% 左右，我国膳食模式可称为高谷类膳食或高碳水化合物型膳食模式。

随着我国人民生活水平的提高，宣传和改进我国传统的食物结构势在必行。主要从以下几个方面进行改进：

1. 发扬我国膳食构成的长处

我国传统膳食以谷类为主，同时发展肉、蛋、奶和水产品的生产，增加动物性食品的消费量；开发利用植物蛋白质新资源，特别是大豆蛋白质，提高我国居民每日膳食蛋白质整体质量。

2. 调整动物性食物结构

必须调整动物性食物结构，尽量品种多样化，增加乳、蛋、禽、鱼、海产品等，这是"以质补量"、优化内陆地区居民的膳食质量的重要措施。海产品、乳制品营养价值一般都高于或优于非海产品和豆类食品，对于那些经济条件好，或已经达到小康水平的居民及家庭，首先应当把鲜活海产品、乳制品引入日常膳食和家庭餐桌上，而不是以尽早享受高档酒、烟、饮料、化妆品、汽车等为时尚，切莫将健康与享乐本末倒置。

3. 开发具有特殊营养和生物功能作用的食品资源

让具有营养和食疗保健功能的食品，如魔芋类、乳酸菌等发酵类、菌类、蜂蜜类、花粉类、黑色食品等进入餐厅和家庭，提高我国膳食物的营养和保健功能作用。

4. 针对特殊人群开发营养强化食品和保健食品

例如针对老人、幼儿开发优质蛋白、富钙、富铁、富锌、富硒、富维生素 A、富维生素 D 等营养强化食品、母乳化食品；针对特殊人群开发宇航员食品、学生奶、学生营养餐等；针对病人开发降血糖、降血脂、降胆固醇、高膳食纤维保健食品。

5. 开发野生动植物食品

把某些野生动植物变成家养种殖，既开发了新食品，又挽救了某些稀有动植物，在国家政策允许范围内将它们变为美味佳肴，造福于人类。

6. 变废弃原料为新食品资源

将某些营养价值高，可以再利用的废弃原料，例如谷类加工中的米糠、麦麸、某些种子或果实以及骨、血、豆渣等废弃原料开发成胚芽食品或果肉食品。

相关链接

我国平衡膳食宝塔

膳食指南或称膳食指导方针、膳食目标，是根据营养学原则结合国情而提出的一个通俗易懂、简明扼要的合理膳食的指导性意见。我国的《中国居民膳食指南（2007）》（以下简称《指南》）对指导人民采用平衡膳食，获取合理营养和促进身体健康提出了指导性建议。

2008 年 1 月，《中国居民膳食指南（2007）》发布。《指南》由一般人群膳食指南、特定人群膳食指南和平衡膳食宝塔三部分组成。

一般人群膳食指南共有 10 条，适合于 6 岁以上的正常人群。这 10 条是：（1）食物多样，谷类为主，粗细搭配；（2）多吃蔬菜水果和薯类；

(3) 每天吃奶类、大豆或其制品；(4) 常吃适量的鱼、禽、蛋和瘦肉；(5) 减少烹调油用量，吃清淡少盐膳；(6) 食不过量，天天运动，保持健康体重；(7) 三餐分配要合理，零食要适当；(8) 每天足量饮水，合理选择饮料；(9) 如饮酒应限量；(10) 吃新鲜卫生的食物。

特定人群膳食指南是根据各人群的生理特点及其对膳食营养需要而制定的。特定人群包括孕妇、乳母、婴幼儿、学龄前儿童、儿童青少年和老年人群。其中6岁以上各特定人群的膳食指南是在一般人群膳食指南10条的基础上进行增补形成的。

平衡膳食宝塔共分五层，包含每天应摄入的主要食物种类。膳食宝塔利用各层位置和面积的不同反映了各类食物在膳食中的地位和应占的比重。谷类食物位居底层，每人每天应摄入250～400 g；蔬菜和水果居第二层，每天应摄入300～500 g和200～400 g；鱼、禽、肉、蛋等动物性食物位于第三层，每天应摄入125～225 g (鱼虾类50～100 g，畜、禽肉50～75 g，蛋类25～50 g)；奶类和豆类食物合居第四层，每天应吃相当于鲜奶300 g的奶类及奶制品和相当于干豆30～50 g的大豆及制品；第五层塔顶是烹调油和食盐，每天烹调油不超过25 g或30 g，食盐不超过6 g。由于我国居民现在平均糖摄入量不多，对健康的影响不大，故膳食宝塔没有建议食糖的摄入量，但多吃糖有增加龋齿的危险，儿童、青少年不应吃太多的糖和含糖高的食品及饮料。饮酒的问题在《指南》中也有说明。

新膳食宝塔增加了水和身体活动的形象，强调足量饮水和增加身体活动的重要性。水是膳食的重要组成部分，是一切生命必需的物质，其需要量主要受年龄、环境温度、身体活动等因素影响。在温和气候条件下生活的轻体力活动成年人每日至少饮水1 200 mL；在高温或强体力劳动条件下应适当增加。饮水不足或过多都会对人体健康带来危害。饮水应少量多次，要主动，不应感到口渴时再喝水。目前，我国大多数成年人身体活动不足或缺乏体育锻炼，应改变久坐少动的不良生活方式，养成天天运动的习惯，坚持每天多做一些消耗体力的活动。建议成年人每天进行累计相当于步行6 000步以上的身体活动，如果身体条件允许，最好进行30 min中等强度的运动。

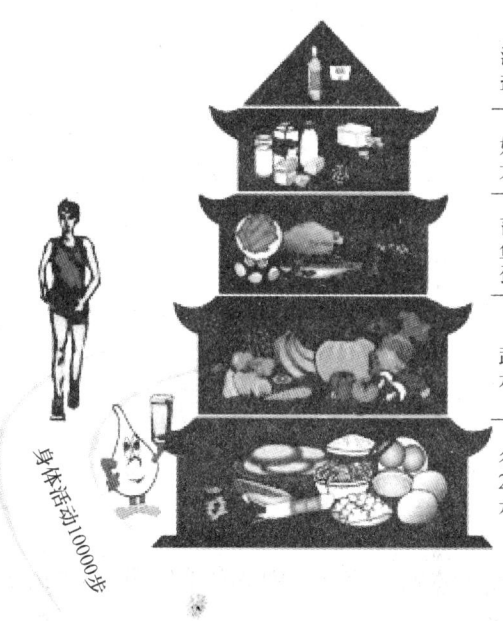

图 4—1 平衡膳食宝塔

思考题

1. 能量的含义及主要来源是什么？
2. 简述蛋白质对人体的重要性。
3. 必需脂肪酸对人体具有哪些生理功能？
4. 碳水化合物在人体内是如何消化吸收的？
5. 简单描述人体缺乏钙、铁后的危害。
6. 简述维生素A、维生素D、维生素C的生理功能。
7. 膳食纤维对人体有何重要作用？
8. 平衡膳食的基本要求是什么？
9. 世界不同地区的膳食结构分为哪几种类型？简述其主要特征。

第5章
饮食卫生

卫生是指为增进健康、预防疾病，改善和创造合乎生理要求的生产环境和生活条件而采取的个人和社会措施。

食品污染是指食品被外来的、有害人体健康的物质所污染，可分为生物性、化学性及物理性污染。生物性污染包括微生物、寄生虫、昆虫污染；化学性污染主要是各种有害的无机和有机物或者人工合成物的污染；物理性污染包括杂物、放射性物质污染等。

第1节 食品污染概念、种类及其预防

一、食品生物性污染及其防治

1. 食品腐败变质概述

食品腐败变质是指食品在一定的环境因素影响下，由微生物的作用而引起食品成分和感官性状的改变，并失去食用价值的一种变化。

食品腐败变质的原因有食品本身的组成和性质、环境因素、微生物的作用三种情况。

食品腐败变质过程中发生了食品成分的分解，主要有蛋白质的分解、脂肪的酸

败和食品中的碳水化合物的分解。食品腐败变质使食品的感官性状发生了变化，食品的成分分解，产生了严重的微生物污染，容易导致肠源性疾病和食物中毒等危害。

对食品腐败变质的控制措施有低温控制、高温灭菌防腐（如高温灭菌法和巴氏消毒法等）、脱水与干燥、提高渗透压、提高氢离子的浓度、添加化学防腐剂和辐射等。

2. 细菌性污染及防治

常见细菌菌属有致病菌（如肠炎沙门菌、猪霍乱沙门菌、痢疾杆菌等）、条件致病菌（如葡萄球菌、链球菌、变形杆菌等）、非致病菌等。

细菌性污染防治要做到，加强食品污染的宣传教育，生产、销售的各个环节保持清洁卫生，防止食品的污染；合理储藏食品、抑制细菌生长繁殖；采取合理的烹调方法，彻底杀灭细菌；进行细菌学监测。

3. 霉菌与霉菌毒素污染及其防治

部分霉菌对人体有益，部分霉菌会产生毒素，危害人体健康。已知的霉菌毒素有200多种，较重要的有黄曲霉毒素、杂色曲霉毒素、展青霉素、黄绿曲霉毒素、黄变米毒素等。黄曲霉毒素的主要危害是引起人急性中毒（是氰化钾毒性的10倍）、慢性中毒和致癌（是亚硝基甲胺的75倍），可采取防霉、去毒等方法防治。

二、食品化学性污染及其防治

1. 农药污染及防治

（1）农药按照化学成分可分为有机氯类、有机磷类、有机氮类等，按照用途可分为杀虫剂、除草剂、杀菌剂等。

（2）有机氯农药（如六六粉及DDT等）属于中等毒或低毒，急性中毒时表现为神经毒作用，如震颤抽搐和瘫痪，慢性中毒主要侵害肝、肾和神经系统，还能诱发细胞染色体畸变和具有一定的致癌作用。

（3）有机磷（如敌百虫、敌敌畏、乐果等）农药属于急性神经性毒素，能引起神经纤维高度兴奋。

（4）拟除虫菊酯类（如敌杀死等）毒性小，一般由于误食引起中毒。

（5）氨基甲酸酯类（如西威因、速灭威等）属于中等毒性的农药，急性中毒表现为神经兴奋症状。

农药中毒的防止措施：发展高效、低毒、低残留农药，合理使用农药，加强对农药的生产经营和管理，了解农药在主要食品中的残留量的标准值。

2. 有毒金属污染及防治

有毒金属元素可以通过三种类型的途径进入食品：①自然环境中的高本底含量，一些特殊地区如矿区、海底火山活动的地区，因地层的高含量而使动植物有害金属元素显著高于一般地区；②农用化学物质的使用、工业"三废"的排放，造成环境污染而污染食品；③食品加工过程中所用的金属机械、管道、容器以及因工艺需要加入的添加剂质地不纯、有害金属杂质使食品受到污染。预防有毒金属元素污染食品的主要措施为：

(1) 禁止使用含汞农用化学物质。

(2) 限制用于食品加工的工具、管道、包装、容器、食品添加剂等的铅含量及各种原料的砷含量。

(3) 严格控制工业"三废"的排放标准。

(4) 制定完善食品中铅、汞、镉、砷等有毒金属的食品卫生标准，加强对食品的监测。

(5) 严格农药、砷化物等保管制度。

3. N-亚硝基化合物污染及其防治

N-亚硝基化合物是公认致癌性很强的物质，分亚硝胺和亚硝酰胺。一次大量摄入会引起急性肝损害，小剂量摄入会引起肝硬化并转为肝癌。目前主要的防治方法是制定食品中的硝酸盐和亚硝酸盐的使用量和残留量标准，如我国规定肉类食品中亚硝酸盐的最大使用量是 0.15 g/kg，最大残留量不超过 0.03 g/kg。

4. 多环芳香烃类化合物污染及其防治

多数多环芳香烃类化合物具有致癌性，主要代表是苯并（a）芘，主要污染源是熏烤食品、油墨、沥青、石蜡油和环境污染等。主要防治方法是减少污染和限制食品中的含量。我国卫生标准规定，熏烤食品中的最大含量为 $5\ \mu g/kg$，食油的最大含量为 $10\ \mu g/kg$。

5. 杂类胺类化合物污染及其防治

杂类胺类化合物主要有致突变和致癌作用，这要求我们要通过改变不良的烹调方法和饮食习惯、增加水果和蔬菜的摄入量、进行灭活处理以及加强检测等方法来防治。

6. 二噁英化合物污染及其防治

二噁英化合物主要来源于环境的污染，是一类稳定的亲脂性固化物质，可长期存在于环境中，在紫外线下会发生光解作用。其毒性是氰化钾的 1 000 倍，最大的危险是导致不可逆的致畸、致癌和致突变毒性。目前主要通过防止环境中的二噁英化合物污染，发展使用的二噁英化合物检测方法，以及综合防治措施来预防二噁英化合物的污染。

三、食品物理性污染及其防治

1. 食品的杂物污染及其防治

食品在生产、运输、储藏和销售时均有可能受到杂物的污染。

预防的方法主要是：加强食品生产、运输、储藏和销售过程的管理，把住产品的质量关，执行良好的生产规范；通过先进手段清除杂物；制定卫生标准；坚持不懈打击掺杂掺假行为。

2. 食品放射线污染及其防治

对人体危害较大的放射线核素有 ^{90}Sr、^{137}Cs 和 ^{131}I。^{90}Sr 会诱发动物恶性骨骼肿瘤和生殖机能的下降，^{137}Cs 会引起动物遗传过程障碍和生殖能力的下降，^{131}I 会损伤甲状腺组织和诱发甲状腺癌。

对食品的放射线污染主要采取加强国家食品卫生监督、严格执行国家的卫生标准以及妥善保管好食品等途径来防治。

第 2 节 食物中毒概念、种类及其预防

一、食物中毒概述

1. 食物中毒的概念

食物中毒是指摄入含有生物性或者化学性有毒有害物质的食物，或者把有毒有害物质当做食物摄入后出现的非传染性疾病。

2. 食物中毒的特点

(1) 发病呈暴发性。

(2) 潜伏期短，来势凶猛。

(3) 具有相似的临床中毒症状，发病与食物有着密切的关系，不存在传染性。

3. 食物中毒的分类

(1) 细菌性食物中毒。如沙门氏菌属中毒、变形杆菌食物中毒、致病性大肠杆

菌食物中毒等。

（2）有毒动植物中毒。如河豚鱼中毒、四季豆中毒等。

（3）化学性食物中毒。如农药中毒、亚硝酸盐中毒等。

（4）真菌毒素和霉变食物中毒。如霉甘蔗中毒、赤霉病麦中毒等。

二、细菌性食物中毒

发生细菌性食物中毒与环境、温度等有密切的关系，当食物受到了细菌污染、细菌在适宜的环境下大量繁殖、进食前没有彻底灭菌和破坏毒素等情况下才会发生食物中毒。

1. 沙门菌属食物中毒

沙门菌属食物中毒全年均可发生，多见夏秋两季，以动物性食品为多见。发生的主要原因是生熟不分，交叉污染，加热杀菌不彻底。

沙门菌属食物中毒的主要表现为：潜伏期 12~36 h，大多集中在 48 h，出现头痛、恶心、食欲不振、腹泻、发热，重者为痉挛、脱水、休克。

预防沙门菌属食物中毒主要要做到：防止污染，对食物要进行高温杀菌或者采取低温等手段控制细菌的繁殖。

2. 葡萄球菌食物中毒

葡萄球菌食物中毒在全年均可能发生，多见夏秋两季，主要中毒食品为乳类及其制品、蛋及其制品、各类熟肉制品。中毒的主要原因是被污染的食品在高温下存放时间过长。

一旦发生葡萄球菌食物中毒，患者多见为肠胃型症状，表现为恶心、剧烈而频繁地呕吐、腹痛、腹泻，治疗后一般在 1~2 天内痊愈。

预防葡萄球菌食物中毒的主要方法是要做到防止污染，在低温条件下存储食品，防止肠毒素的形成。

3. 肉毒梭菌属食物中毒

肉毒梭菌属属于革兰阳性厌氧菌，耐高温，在 180℃下 5~15 min 方能够杀死芽孢子。该中毒四季均可能发生，多见冬季和春季，中毒食品以家庭自制的发酵豆、谷类制品、肉类以及罐头食品为主，因为没有彻底加热而引起中毒。

肉毒梭菌属食物中毒一般 12~48 h 后发生病症，中毒后表现出神经麻痹症状，如头晕、无力、视物模糊、眼帘（睑）下垂、复视等。死亡率较高。

预防肉毒梭菌属食物中毒的方法是做到不吃生酱或者可疑的含毒食品，对自制发酵酱要充分加热，破坏毒素。

4. 副溶性弧菌食物中毒

副溶性弧菌属于嗜盐性细菌，副溶性弧菌食物中毒在沿海地区较常见，多发生在6～9月份，多数因海产品未烧透或者熟制品污染后未彻底加热引起。

副溶性弧菌食物中毒一般6～10 h后发生病症，发病比较急，出现恶心、呕吐、腹痛、腹泻、发热、头痛、多汗和口渴等症状。腹泻多为水样便，重者有黏液和黏血便，多数2～3天后痊愈，少数休克甚至昏迷而死亡。

预防副溶性弧菌食物中毒的方法是，立即停止使用可疑的有毒食品，在加工海产品时一定要烧透，烹调时可以加醋；烹调时一定要做到生熟分开，同时对海产品等食品一定要低温保藏。

三、有毒动植物中毒

1. 河豚鱼中毒

河豚鱼是国家明令禁止销售、食用的毒鱼类。由于误食等原因，在春季经常发生河豚鱼中毒事件。河豚鱼的有毒成分是河豚毒素，包括河豚素、河豚酸、河豚卵巢毒素及河豚肝脏毒素等，毒性强烈，该毒素在220℃以上才能分解。

河豚鱼毒素属于神经性毒素，中毒发病急，时间短，一般在0.3～3 h，先感觉手指、口舌麻木或刺痛感，然后恶心、呕吐，并四肢无力，口、舌麻痹，进而四肢肌肉麻痹，进一步全身麻痹或瘫痪，最后因呼吸衰竭而死亡。

预防河豚鱼中毒，首先在捕捞时要剔除河豚鱼，其次是禁止河豚鱼销售，最后是加强宣传教育，宣传河豚鱼的毒性和危害，不擅自捕捞和食用不知名的鱼。

2. 鱼类引起的组胺中毒

青皮红肉鱼类，如金枪鱼、秋刀鱼等鱼不新鲜或者腐败，体内的游离组胺酸经脱羧酶作用产生组胺，当组胺达到一定数量食后就会中毒。

鱼类引起的组胺中毒表现为发病快、症状轻、恢复迅速，以局部或全身毛细血管扩张、通透性增强、支气管收缩为主，伴有脸红、头晕痛、心慌、脉快、胸闷和呼吸急促等症状，个别病例临床表现更严重，偶有死亡病例。

防止鱼类引起的组胺中毒要做到不吃腐败变质的鱼，特别是青皮红肉鱼类。食用青皮红肉鱼类要科学加工，用水浸泡4～6 h，同时烹调时可加雪里红或者红果。过敏性疾病患者不宜食用此类鱼。

3. 毒覃中毒

毒覃俗称毒蘑菇，毒覃主要有褐鳞小伞、肉褐鳞小伞、白毒伞、毒伞等。多发生在多雨高温的夏秋季节。主要中毒原因是误采和误食。

毒覃中毒有胃肠型、神经精神型、溶血型、脏器损害型和日光性皮炎型等，毒覃中毒对人体的危害很大，且死亡率高。

防止毒覃中毒的主要方法是加强宣传和教育，特别是鉴别教育，防止误采和误食。

四、化学性食物中毒

1. 亚硝酸盐中毒

食用了含亚硝酸盐的食物或者误食亚硝酸盐会引起高铁血红蛋白血症，也称肠源性青紫症。亚硝酸盐主要来源于不新鲜的蔬菜和刚腌制过的蔬菜、苦井水和腌制肉制品等。

纯误食亚硝酸盐一般10～15 min，大量误食含亚硝酸盐蔬菜等一般在1～3 h时发生头疼、头晕、无力、胸闷、嗜睡、恶心、呕吐、腹泻等症状，严重者出现心率减慢、心律不齐等症状，直至呼吸循环衰竭而死亡。

预防亚硝酸盐中毒的方法有：食用新鲜的蔬菜，不食用大量刚腌制过的蔬菜；肉制品的亚硝酸盐添加数量要严格执行国家的规定；不喝苦井水；保管好亚硝酸盐，防止误食。

2. 砷化合物中毒

砷的化合物有剧毒，其中三氧化二砷（砒霜）剧毒。一般是使用的原料或者添加剂含有过高的砷，或者误食用了含砷农药引起，或者把三氧化二砷当食盐使用引起中毒。

发生砷化合物中毒的患者口腔和咽喉有灼伤感，剧烈恶心、呕吐、腹绞痛、腹泻，直至昏厥、休克、呼吸循环衰竭而死亡。一般采取彻底排吐、服用特效解毒剂（二硫基丙醇）或者血液透析来治疗。

预防方法有：严格保管好砷化物、砷剂农药，防止蔬菜水果中的砷残留过高，一般在收获前半个月内停止使用砷农药。

第3节　餐饮企业卫生管理要求

餐饮企业卫生管理是餐饮企业经营管理工作的重要组成部分，包括环境及场地卫生、个人卫生、食品储藏卫生，以及食品容器、餐具和包装材料及设备卫生管理等内容。

一、餐饮企业环境及场地卫生

餐饮企业环境及场地卫生要求包括地址选择要求、建筑设计和设施要求、厨房卫生要求、餐厅卫生要求等，具体要求分述如下。

1. 餐饮企业在地址选择上应符合的卫生要求

（1）远离污染场所

餐饮企业应远离垃圾场及城市垃圾通道、废渣场、屠宰场、公共厕所、有污染的工厂，以免造成食品的污染。

（2）基础设施良好

餐饮企业周围道路、水、气、通信、宽带、光纤、排污等条件应齐备，餐饮企业特别注意饮水和排污条件，且企业地势应高于排污管道，以利排污。

（3）交通方便，有停车场

餐饮企业应靠近商业网点、住宅小区、体育娱乐设施、旅游风景文化景点、政府办公场所，有公共交通条件。

（4）阳光充足、空气清新，周围环境良好

餐饮企业周围绿化和生态环境好，周围有河流、湖泊、森林、花园、果园、园林、草地，可以借景或共享城市公共设施和公众资源。

餐饮企业除注意内部卫生外，还应注意周边的卫生，保持周边的净洁，并且有专人负责，随时保持清洁。

2. 厨房建筑设计应符合的卫生要求

（1）餐厅和厨房均不能设在地下室

主要原因是：地下室排污困难，可能低于城市排污接口；上不能自然通风，空气较差；靠近地面的空气中尘埃和微生物较多。

（2）朝向和规模

首先应考虑厨房的朝向，厨房应位于城市的下风向，以利于通风和厨房废气的排出，也可防止厨房的油烟、蒸汽进入餐厅。厨房夏天炎热，冬天蒸汽弥漫而凝结成水滴，出于对厨师健康的考虑，应先考虑厨房朝向，而餐厅朝向以便于顾客进出为原则。餐饮企业总规模以每个顾客 $1\sim1.2 \text{ m}^2$ 为宜，从规模效益看，以能容纳 $500\sim800$ 人就餐为宜，过大容易出现管理上的混乱。餐厅、厨房与辅助间之间的比例为 $1:1:1$ 为宜。

（3）厨房高度

厨房高度一般应不低于5 m，以便有良好的自然通风和采光，保持空气流通，避免夏天闷热。

(4) 屋顶、墙壁和地面卫生要求

墙壁、地面、屋顶要易于清洁，用防水、浅色的建筑材料，同时，应易于防鼠、防蝇、防虫、防尘和防油污。

(5) 厨房平面布局的卫生要求

厨房平面布局应做到：按工艺过程形成流水线，避免交叉污染；垃圾、炉灰不能进入厨房，非厨房工作人员不能随意进入厨房；菜肴加工、小吃和饭点加工、食具清洗消毒各形成一条线；原料入口分开，还应生熟分开，动物性原料和植物性原料分开，菜点分开。

3. 厨房设施应符合的卫生要求

(1) 通风排烟设施

炉灶上方应有自然排烟或抽油烟装置及烟道，应易于清洗，避免因油污聚集而引起火灾，烟道必须半年内彻底清洗一次。

(2) 下水道及排污设施

厨房地面应有排水沟，以免地面积水，排水沟上应加漏网盖，以免渣滓进入排水沟；厨房下水道管径应比普通房屋或住宅下水道管径粗，根据企业规模，可达20~40 cm，否则会因菜渣或米糠与油脂结成的纤维凝块导致下水道狭窄或完全阻塞，难以疏通；餐饮企业下水道在接入城市污水管道以前，应有滤油池（或其他漏油装置），将污水滤油后才能排入城市污水系统。

(3) 厨房的设备、架子、柜子等设施

厨房的设备、架子、柜子等设施在布局上既有利于操作，也便于防鼠、防蟑螂，便于清洁，尽量无死角。

(4) 其他卫生设备要求

洗手池水龙头数应相当于上班最多总人数的1/4，最好采用脚蹬式开关龙头，疾病流行期间还应设立员工手消毒池。从工作人员入口至厨房之间还应有厕所、更衣室、休息室、办公室、浴室，并且有门与厨房相隔。

4. 餐厅平面布局和设施应符合的卫生要求

(1) 餐厅地面、墙壁、门窗应易于清洁

餐厅原则上可用浅色防水建筑材料，除十分高档的豪华包间可用地毯和墙纸（布）外，普通包间原则上不用地毯和墙布，否则清洁困难，另外，客人抽烟易引起火灾或留下不愉快的烟混杂抹布味。

(2) 餐厅卫生设施要求

餐厅应有供客人洗手和简易梳妆（有镜子可整装）的地方，卫生间最好通过过道与餐厅相通，不宜与餐厅直接相通；餐厅内设有痰盂和废纸筐。

(3) 厨房与餐厅之间

厨房与餐厅之间最好有备餐间过渡，不要直接相通。如厨房与餐厅不在同一层楼，应该有专用的菜品传送通道，且应与顾客进出通道分开。

(4) 餐厅日常卫生

餐厅地面、桌面、桌布、墙壁、门窗、餐具、坐椅都应洁净，无油污、无尘埃、无蝇，卫生间、洗手池、痰盂干净无异味，工作人员头发、衣、帽整洁，如餐厅或包间内夏天出现蚊、蝇而无法或不便驱逐时，可在餐桌上点一蜡烛，蚊蝇便不会靠近餐桌干扰顾客就餐。

(5) 餐厅的装修和烘托设施的卫生要求

餐厅的装修装饰材料应是绿色、环保、无毒的。新装修的餐厅有异味，可在装修后开张前将大葱放于餐厅（特别是包间）中，以尽快去除装修异味，开张后也可在夜间将葱放于餐厅中去异味。餐厅的灯光应明亮，不用有色光，如红光、蓝光、紫色光，以免使菜肴色调发生改变。餐厅音乐应以轻快抒情的旋律为主，悲伤和节奏过于强烈或刺激的音乐、歌舞均不适宜。其他烘托设施也应与装修、灯光、音乐一样，以促进顾客食欲为原则。

二、餐饮企业从业人员的个人卫生

餐饮业员工根据《中华人民共和国食品卫生法》第26条规定，必须取得健康证明后方可参加工作，凡患有痢疾、伤寒、病毒性肝炎等消化道传染病（包括病原携带者）、活动性肺结核、化脓性或者渗出性皮肤病以及其他有碍食品卫生的疾病者，不得从事餐饮工作。

员工个人卫生应做到勤洗手剪指甲，勤洗澡理发，勤洗衣服被褥，勤换工作服和工作帽。另外，员工不应留长发，不在工作时和工作场地抽烟，直接接触菜点者不得戴戒指和涂染指甲。

三、食品储藏室卫生要求

为了经营的需要，食品往往需要准备一定时间内的使用数量，在一定的时间内保持食品不腐败变质是餐饮企业的一项重要工作。储藏室是食品储藏的重要场所，其卫生要求应该做到：

1. 通风、干燥,以防潮、防霉变。
2. 防鼠、防蝇、防蟑螂的设施和措施。
3. 防止油脂、调味品(如酱油)等污染地面。
4. 避免阳光直接照射;定期清洁,并定期对储存原料进行清理。
5. 应有货架分类存放食品,防止异味干扰或吸附。
6. 不能将有毒有害物放入储藏室。
7. 防止停电、漏水导致食品腐败。

四、食品容器、餐具和包装材料及设备卫生

1. 食品容器和包装材料卫生

食品容器和包装材料的品种很多,主要有竹木制品、玻璃、陶瓷、搪瓷、塑料、包装纸等,传统的竹木、玻璃等一般对人无害。塑料容器和包装材料应是允许使用的聚乙烯、聚丙烯、聚苯乙烯、聚氯乙烯等,且是符合卫生要求的。陶瓷、搪瓷、不锈钢、铝制品、铁、铜、金属箔中铅、锌含量应符合国家卫生标准,禁止用铅、锡作为容器,也不提倡用铜作为容器和炊具,因为铜可导致食物中维生素C破坏,铜绿(碱式碳酸铜)对人有毒。一般不用金属容器盛装醋和果汁,以免金属溶出。

2. 设备卫生

餐厅和厨房常用设备有炒灶、油炸锅、炒锅、蒸锅(笼)、搅拌机、烤箱、洗碗机、微波炉、电磁炉、绞肉机、切片机、冰箱、操作台等。这些设备所用材料应无毒无害,与食品接触无溶出现象;每天(或每次使用后)定期去除油污、清洗、擦干;操作台一般用不锈钢或大理石作台面,大理石放射性应符合国家标准。

3. 餐具的洗涤和消毒

餐具一般用陶瓷、搪瓷、竹木、玻璃、不锈钢、塑料等材料加工而成,塑料、搪瓷、陶瓷、不锈钢等中的重金属(如铅)应符合国家卫生标准。餐具每次使用后必须消毒,以预防传染病;洗涤和消毒实行"四过关",即一洗、二刷、三冲、四消毒;常用的消毒方法为煮沸消毒、蒸汽消毒、消毒剂消毒。

五、饮水卫生

饮用水应符合《生活饮用水卫生标准》(GB 5749—2006),主要符合以下卫生要求:

1. 饮用水细菌指标合格,不引起传染病。
2. 饮用水毒物指标合格,重金属、农药等毒物指标符合卫生标准,不引起饮用者中毒或产生慢性毒性。
3. 感官性状良好,水源充足。水的色、混浊度、pH 值、硬度及影响感官的铁、镁、锰、铜符合要求。

思考题

1. 食品腐败变质的原因有哪些?
2. 如何防治食物细菌性污染?
3. 防止食物农药污染的措施有哪些?
4. 简述食物中毒的原因和分类方法。
5. 如何防止河豚鱼食物中毒?
6. 餐饮企业环境及场地卫生有哪些具体要求?
7. 餐厅服务员的个人卫生要求是什么?

第6章
餐厅安全知识

服务、安全、卫生是餐厅优质服务的三大支柱。安全工作做得好，既是保证顾客人身、财产安全的重要条件，同时又是防止事故发生、提高企业声誉的重要措施。

餐厅服务要以餐厅提供给顾客的安全为基础和前提条件，离开这个前提来谈服务毫无意义。安全工作本身是一种服务，没有安全就谈不上服务，而缺少服务意识的安全，也同样不会得到顾客的认可。

第1节 公共场所安全常识

一、治安管理

餐厅服务现场作为公共场所，具有较大的客流量与人员复杂性的特点，还往往是犯罪分子作案的理想目标与藏匿地点，发案的可能性较大。所以作为餐厅服务人员必须对安全工作有一个充分、全面的认识。

1. 餐厅安全工作概述

（1）要保证顾客人身安全、财产安全和个人秘密不泄露，保证餐厅员工的人身、财产安全；保证餐厅财产不受破坏、被盗、遗失；不出任何安全事故（人身安全包括生命不受危害，人身不受伤害，健康不受损害）。

(2) 要勤查隐患，防患于未然，坚决执行安全制度，确保餐厅安全。

(3) 要把预防为主、防治结合作为治安工作的原则。

(4) 安全工作"五防"：防火、防盗、防抢、防破坏、防灾害事故。

2. 餐厅常见的违反治安行为

(1) 扰乱公共秩序

餐厅服务现场容易发生的扰乱公共秩序的行为有扰乱餐厅秩序、侮辱妇女、结伙斗殴等。

(2) 侵犯公私财物

侵犯公私财物是指以非法占有为目的，偷窃、骗取、抢夺公私财物和故意损坏公私财物的行为。

3. 餐厅常见的犯罪行为

(1) 危害公共安全的行为

危害公共安全的行为是指故意或过失实施危害多数人的人身和公私财产安全的行为。主要有放火、爆炸、投毒等。

(2) 侵犯财产的行为

侵犯财产的行为是指以非法占有为目的，攫取公私财物，或者故意、非法毁坏公私财物的行为。

4. 餐厅安全管理实施

(1) 加强顾客管理

餐厅服务现场作为公共场所，人员流动量大，结构复杂，所以，必须加强对顾客的治安管理。

(2) 健全员工管理制度

对于员工的管理，关键是要制定明确的岗位责任制和行为准则，并加强对员工服务过程的管理。如员工出入大门及携带物品的规定，员工更衣室的管理制度，员工领用钥匙的程序和手续等。此外，还必须加强对外来施工人员的管理。

(3) 配备必要的设备

为了有效防止失窃、凶杀等案件的发生，餐厅除了增强全员安全意识外，还要注意配备必要的防盗、防爆设备。如防盗报警装置、闭路电视监控系统等。在可能的情况下，最好配备双向电子锁系统。明亮的灯光对罪犯有一种心理上的威慑作用，因此，要注意夜间公共区域灯光是否明亮，并要对其设施进行检查。停车场必须加以监控，要提供足够的照明设备和进行闭路电视监视。

(4) 突发事件的应急处理

餐厅尽管防范很严,但也难免会发生一些诸如打架、盗窃等违法犯罪活动。所以除加强预防外,还必须制定处理突发事件的有关规定。如报警、现场保护、急救、事故档案等,以便把损失降到最低程度,并为破案创造有利的条件。

二、消防管理

餐厅的公共场所消防管理主要包括对火灾的预防,火警、火灾事故的处理等工作。

1. 消防基础知识

(1) 火灾是因为失火而造成人员伤亡及财产损失的灾害。预防火灾的主要措施是把可燃物、助燃物质和着火源分隔开来。防火的基本方法有:

1) 减少可燃物。指室内装修,应当尽量采用非燃或难燃材料,尽可能减少使用可燃材料。

2) 预防着火火源。指严格控制明火的使用,如果维修、施工动用明火,需经有关领导批准,并在防火人员监督下进行。

3) 建立防火隔离。指餐厅在建筑时就要按规定,将建筑物按防火要求,用防火墙及防火门等将建筑物分隔成若干防火防烟区域,每层楼之间也要有防火防烟分隔设施,万一发生火灾,便于控制,防止蔓延。

(2) 灭火基本方法包括以下几点:

1) 冷却灭火。指将燃烧物的温度降到燃点以下,使燃烧停止。

2) 抑制灭火。指将有抑制作用的化学灭火剂喷射到燃烧物上,使燃烧停止。

3) 窒息灭火。指采取隔绝空气的办法来使燃烧停止。

4) 隔离灭火。指把正在燃烧的物质同未燃烧的物质隔离开来,使燃烧停止。

2. 消防管理实施

(1) 实行消防安全责任制

根据《中华人民共和国消防法》的规定,餐厅应建立店、部门、班组三级防火组织,并确定相应的防火负责人。通常情况下,一级防火负责人由餐厅总经理担任,二级防火负责人由各部门经理担任,三级防火负责人则由各班组领班担任。各级防火负责人的基本职责是:

1) 认真执行消防法规,领导餐厅、部门、班组的消防安全工作;

2) 组织制定和贯彻执行消防规章制度及灭火方案;

3）组织实施防火责任制和岗位防火责任制；

4）立足自防自救，对员工进行防火安全教育，组织义务消防队或所属员工进行消防演练；

5）布置、检查、总结消防工作，定期向公安消防监督机关或上级部门报告工作情况；

6）组织防火安全检查，督促消除火险隐患，组织扑救火灾事故。

（2）制定防火工作要点

餐厅服务现场引起火灾的原因较多，但以吸烟、使用明火不当、电气设备故障、厨房起火居多。所以，餐饮部要做好消防工作，必须制定严格的防火措施。其中包括用火规定，煤气运输、储存、使用规定，电气设备的安装、检修规定，厨房防火制度等，以确保消防工作有标准、有依据。

（3）消防硬件设施的配置

为有效地做好防火工作，餐厅服务现场消防设备必须现代化。有些星级酒店餐厅的楼高在10层以上，有些甚至高达四五十层，一旦发生火灾，无法靠楼外的给水灭火，必须建立自身的消防供水系统。

1）喷水灭火器系统主要用于A类火灾（木头、纸类等起火）的扑灭。它主要有湿管喷水器、干管喷水器和水喷淋喷水器等系统。

2）餐厅服务现场内外都要有消防栓给水系统。

3）餐厅服务现场还必须配备二氧化碳及卤代烷等灭火器，来防止B类火灾（易燃液体起火）和C类火灾（电起火）。

（4）配备可靠的安全疏散通道

餐厅服务现场还必须配备安全疏散通道。安全出口通道要保证畅通，必须有足够的数量，每道安全门要能够容纳一定的人数，标明出口通向外面的最短线路，并要设有照明装置。每个防火分区的安全出口不应少于两个。

在高层建筑中，电梯是至关重要的输送工具，在发生火灾时，电梯是非常危险的。因为发生火灾时电梯内部温度极高，浓烟弥漫，电梯控制器会失灵，致使电梯在大火燃烧的楼层中突然停止行驶，导致顾客遇险。为避免这种情况发生，电梯内应有由防火系统控制的装置，一旦发生火灾，防火系统将电梯送到安全地带，并使电梯不能开启，除非是在消防人员的操纵下。餐饮企业需配备消防电梯，消防电梯应设有电话和消防队专用操纵按钮，电梯的井底应设有排水装置，耐火极限不低于2.5h，消防电梯由餐厅安全消防部门控制，既做疏散人员用，又可把消防队员、灭火器材等送到灭火前方。

消防电梯平时可兼作客梯和工作梯，一旦发生火灾，其他电梯要停开，只有消防电梯可以使用。

3. 常用灭火器材的使用方法

（1）干粉灭火器的使用方法

1）干粉灭火器主要用于各种油料燃烧、电器燃烧等火灾的扑救。干粉不导电，可以用于扑灭带电设备引起的火灾。

2）干粉灭火器是一种效能较好的灭火器材。这种灭火器无毒、无腐蚀作用。

3）干粉灭火器有手提式和推车式两种，在使用时，拔出保险销，一手拿着喷嘴胶管，对准燃烧物体，另一手握住提把，拉起提环，粉雾即喷出。

（2）泡沫灭火器的使用方法

1）泡沫灭火器主要用来扑灭可燃液体和可燃固体的初起火灾。

2）化学泡沫灭火器产生的泡沫相对密度小，可以漂浮在液体表面形成一个泡沫覆盖层，灭火泡沫还具有一定的黏附性，可以黏附在一般可燃物的表面。泡沫可以隔绝空气，降低燃烧物表面的温度，因而可以达到灭火效果。

（3）二氧化碳灭火器的使用方法

1）二氧化碳灭火器主要用于扑救电气设备引起的火灾及食油、汽油、油漆等引起的火灾。

2）二氧化碳是一种惰性气体，它的密度较空气大，以液态灌入钢瓶内。在空气中达到30～35℃的温度时，物质燃烧就会停止。二氧化碳灭火器的作用就是冷却燃烧物和冲淡燃烧层空气中氧的含量，使燃烧停止。

3）二氧化碳灭火器的使用方法。该灭火器有两种：一种是手动开启式（即鸭嘴式），另一种是螺旋开启式（即手轮式）。手动开启式灭火器在使用时应先拔去保险销，一手握紧喷筒把手，对准燃烧物，另一手把鸭舌往下压，二氧化碳即由喇叭口喷出，不用时将手放松即行关闭。

4）螺旋开启式的灭火器在使用时先将铅封去掉，一手握住喷筒把手，对准燃烧物，另一手将旋钮朝顺时针方向旋转开启，二氧化碳气体即行喷出。

5）使用二氧化碳灭火器要注意风向，避免逆风使用；在灭火时，喷筒要从侧面向火源上方往下喷射，喷射方向要保持一定角度，使二氧化碳能迅速覆盖火源；灭火时不要将灭火器放在身前靠近火源处。

（4）1211灭火器的使用方法

1）1211灭火器是一种新型高效、安全的灭火器材。它的绝缘性能好，灭火时不污损物品，灭火后不留痕迹，毒性低、腐蚀性小，并有灭火效果好、速度快和仓储不变质的优点。

2）1211灭火器有手提式和推车式两种。酒店一般用手提式灭火器。在使用时，只要拔掉安全销，然后握紧压把开关，压杆就使密封阀开启。

3）1211灭火剂在氮的压力作用下，通过吸管由喷嘴射出，当松开把手时，阀门关闭停止喷射，在使用1211灭火器时，应垂直操作，不可将钢瓶颠倒使用，在灭火时，喷嘴要对准火焰根部，并向火焰边缘左右扫射，快速向前推进，如有零星火可以点射扑灭。

第2节 餐厅安全管理要求

保证顾客在安全舒适的环境中用餐，可以促进企业效益。掌握安全服务知识，了解安全用电、安全用火的基本常识，可以消除隐患，防患于未然。

一、餐厅安全操作

餐饮业工作程序就是将食品原材料经过由生变熟的加工，然后经过服务环节端送到顾客面前。餐厅工作人员在加工过程和服务过程中需要使用用电、用火等带有安全问题的设施设备。为此，每一位餐厅服务员必须了解和掌握安全操作规程。

1. 安全用电

安全用电必须做到：

（1）各种电器，如加热毛巾箱、电饭锅、微波炉、空调等，使用后一定要切断电源，电气设备周围严禁堆放易燃易爆物品。

（2）对室内的电气设备要经常检查，发现电线老化，接触不良，绝缘不好时，要及时向有关部门报告，进行维修。

（3）电闸箱周围绝对禁止存放易燃易爆物品。

（4）下班前，要有专人检查各种电气设备是否断电，要关闭电源。

（5）在打扫卫生时，如刷地、冲洗瓷砖，要注意避免电线插座、电动机进水，禁止带电作业。

2. 安全用火

(1) 安全使用煤气、天然气的要求

1) 使用煤气、天然气要严格遵守"火等气"的操作规程。

2) 先点火，然后由小至大启动煤气开关，直至煤气完全燃烧。

3) 点火送入煤气、天然气时，火焰会瞬间从炉火中喷出，注意点火时脸不能贴近炉口。

4) 火熄灭时，应完全关闭总闸。

5) 煤气、天然气使用中要有人看管，注意检查管道开关是否漏气。工作完毕后，专人检查炉灶全部熄灭后，才能离开。

(2) 安全使用酒精炉

有的菜肴品种，要带酒精炉上桌。酒精炉有固体酒精和液体酒精两种。无论使用哪种酒精炉一定要等菜肴上桌后，将酒精炉摆在应放的位置，再用火柴点燃酒精。席间要注意观察。顾客餐毕，要盖上酒精炉，自然熄灭后再撤掉所盖的物品。千万注意不要先点燃酒精炉后，再将菜肴上桌，这样做十分危险。

(3) 防火常识

1) 预防措施：俗话说水火无情，而餐饮业又离不开火。因此，餐厅服务员要掌握防火知识，消除隐患，防患于未然。

A. 下班前要仔细检查餐厅内是否有未熄灭的烟头及火种。

B. 烟缸内烟头、烟灰要单独湿灭倒掉，不得放入台布内一同处理。

C. 发现煤气、天然气漏气要打开门窗，同时不要使用明火。

D. 爱护消防器材，掌握消防器材的使用方法。

E. 切勿携带易燃易爆物品进餐厅。

F. 落实安全责任制，杜绝空室不锁门，值班脱岗，下班不断电源，不关电器，不锁门、窗，违章使用大功率电器等现象。

2) 出现火情的处理方法

A. 切断气源、电源，熄灭一切明火。

B. 立即报告领导，打 119 报警电话，坚持守机，传递消息，保持与各部门联系。

C. 有组织进行灭火，阻止火灾扩散。

D. 火熄灭后保护现场，收好票据和贵重物品，维护餐厅秩序，保护企业财产。

E. 如果餐厅营业当中出现火情，要迅速疏散顾客，以保证顾客的安全。

3. 防爆

在餐厅服务过程中，对易燃易爆物品要妥善保管，正确使用，做好防爆工作。

（1）餐厅服务防爆

在餐厅服务中，餐厅服务员为顾客开启酒瓶盖时，眼睛不要直视瓶口，要形成45°角，防止意外。另外，酒水要勤进勤销，按先后顺序出售，避免酒水气体遇热膨胀、压力过大而引发意外。

（2）餐厅设备防爆

液化石油气要与明火隔离，用毕，必须关掉总闸。遇到气体快用完时，千万不可将煤气罐横卧或将煤气罐坐入热水盆内浸泡，一旦瓶底部有漏眼，与明火接触，极易引起爆炸。易燃易爆物品，如酒精、煤气要远离明火。油脂过厚的区域要及时清除污垢，杜绝隐患。电气设备要避免长时间使用造成高温过热引起易燃物着火。电器在潮湿环境中要注意绝缘，防止外皮脱落、老化、短路而带来的危险。

4. 防烫伤

在服务中，使用微波炉、烤箱、毛巾蒸箱等设备要严格遵守操作规程。为顾客上菜，遇到沸水、热汤、火锅、铁板类菜肴，在餐桌上浇热油、热汁的菜肴，一定要端平走稳，严禁违章操作，避免烫伤。

发生烫伤不要慌乱，及时用凉水冲洗并敷烫伤药；若是烫伤面积较大、烫伤较重，应立即送医院治疗，不要自行处理。

5. 防意外

餐厅服务中，经常会发生意想不到的情况。一旦发生意外，一要镇静，二要采取措施，三要向领导汇报，四要妥善处理，并且要及时。

（1）遇到在餐厅饮酒过度呕吐的顾客，可以一边收拾现场，一边让陪同人员陪送到卫生间，也可上一些黄瓜、葡萄、解酒饮料或蜂蜜水等解酒食品。遇到酗酒闹事的，要与餐厅内保安人员及时联系，向领导报告，必要时与公安部门一同解决。

（2）遇到在餐厅内打架的顾客，要立即保护现场，将刀、酒瓶等危险品迅速撤掉。收银员要坚守岗位，立即与保安人员联系，通知店领导及公安部门，情节严重的，要立即拨打110电话报警。

（3）遇到行骗偷窃的人要保护好现场，同时与公安部门联系。

（4）遇到下雨、下雪天气，要在门前放警示牌，告知客人路滑。下雨为顾客撑伞，下雪要在通道上铺上地毯、胶皮等防滑物品。

二、财产安全

1. 餐厅财产安全

爱护餐厅的财产,对各种设备要有专人管理,定期进行维修保养,发现故障要及时抢修。

建立财产登记卡和财产管理制度,做到专人使用、专人保管,转移有手续,损坏有登记,定期核对,账、卡、物要相符。减少破损和消耗,提高设备完好率。

2. 顾客财产安全

(1) 领位要把住入店关。对衣冠不整的人、携带危险品的人、兜售商品的人、精神病人、酗酒后吵闹的人、乞讨人等要礼貌劝阻,不得让其进入店内。

(2) 餐厅内不许吵闹、斗殴,闲杂人员要及时请出现场。

(3) 衣帽间要有存取手续,厅房内衣帽间由餐厅服务员负责接衣接帽,并保管好。

(4) 餐厅服务员要随时提醒顾客看好自己的钱物,发现醉酒或可疑人员要及时通知保安人员。

(5) 顾客离开餐厅,要主动提醒顾客带好随身物品,餐厅服务员要先检查现场有无遗物,然后再收台面;如发现顾客遗失物,要及时汇报上交,尽快归还失主。

三、服务环境安全

为顾客提供安全的服务环境,保证顾客就餐安全,是对餐厅服务最基本的要求。

1. 空间环境

要搞好餐厅空间环境卫生,保持整洁,做到无蝇、无鼠、无蟑螂、无灰尘,防止食品污染,保持仪器卫生和就餐环境清洁。

(1) 餐厅的地面、墙壁、天花板、门窗、灯具等应经常清洗,定期擦拭,保持干净明亮。各种装饰品、工艺品、名人字画、照片等,要每天拂掉灰尘,不留死角。

(2) 餐厅桌椅纵横成线,整齐划一,方便客流,布局合理,满足需求。

(3) 餐桌必备物品要齐全,容器每天彻底擦洗,按规定摆放。

(4) 楼道、走廊、通道要保持清洁。卫生间及时清扫,保持设备设施无异味、干净。

2. 通风照明

每天开业前,要将餐厅门窗打开,或打开空调,清除浊气,通风换气。根据室温需求和季节的变化,及时调整室内温度和空气湿度。

餐厅照明在基本照明情况下,常加入艺术照明进行点缀和渲染氛围。基本照明包括餐厅出入口、厨房、门口、公用处的日光照明,一般用白炽灯或日光灯,白炽灯光线亮度可调节,日光灯呈银白色,光线亮度不可调节。艺术照明包括各种大型吊灯、天花板灯、壁灯、小型吊灯等,为了突出餐厅的不同部位和不同风格,常采用全体照明和部分照明。中式餐厅多采用光源暴露,形成热烈、华丽的效果;西式餐厅则要求光色柔和、偏暗,造成一种宁静、舒适、温馨的气氛。酒吧间的照明可暗淡一些,突出一种宁静、幽雅的情调。

餐厅服务员要掌握照明的基本常识和操作方法,知道电源的开关和大厅总闸的位置,根据顾客的需求,提供适当的照明设备。

(1) 使用各种机器设备时,要按操作规程办事,绝对禁止带电作业。

(2) 要熟悉服务现场的各种设备,如卡拉OK音响等的操作使用方法,不懂不会的要请教领班。

(3) 严格执行工作纪律。对于企业各种设备要严格遵循企业管理规定,未经批准,不得随意启动。

(4) 在服务工作中发现各种隐患或可疑情况,要及时请示,报告领导。

相关链接

餐饮企业防爆炸、防恐怖常识

餐饮企业遭爆炸物威胁的事例虽然不多,却常接到以放置爆炸物相恐吓的电话。每当遭受骚扰时,餐饮企业既不能信以为真,又不能置之不理,处理这类问题是安全管理人员的职责所在,如安全管理人员不具备相关知识,遇到紧急情况就会慌乱,不知所措,甚至误事。

一、认识炸弹

此处所谓的炸弹,是一般所称的隐形炸弹。这类炸弹不同于军事用途的炸弹,是经过伪装、不容易从外表就能识别的爆炸物,一般将炸药、雷管、导爆索、导火线、电源等组合起来放进不容易引起人重视的东西里

（可能是只手提箱、一个普通装东西的纸盒，也许仅是一个纸袋，如果是放在公厕里，很可能就是一个袋子，让人以为是遗失的东西），由于不易察觉，所以称为隐形炸弹。采用工业用炸药或军事用途的炸药，须用雷管及导火索，起爆装置则需要电源线及电源，爆炸威力强大。依据启动装置的不同，隐形炸弹大致可分为：

1. 定时炸弹：可以延长引爆的时间，用以达到恐吓的效果。

2. 邮包炸弹：邮寄包裹内藏匿的炸弹，收件人拆开包裹时，拉动启动装置发生爆炸。

3. 信件炸弹：将炸弹藏在信封里，收信人启开信封时触动开关引爆。

4. 包裹炸弹：炸弹藏在任何一种箱盒内，或是用平衡装置，稍稍移动就会触动开关引爆炸弹。

二、恐吓电话的应对与处理

1. 恐吓电话的应对

恐吓电话常以炸弹恐吓，对以炸弹恐吓的电话，无论真假均须妥善应对，详细记录或录音，并将情形迅速通报保安主管，在未获指示前，不得向任何人转述，以免造成恐慌。保安主管须获得确实而较详细的资料才能正确判断。

接听电话的人要冷静沉着，以徐缓而若无其事的语调与其周旋，把通话的时间尽可能拉长拖久一些，以便准备录音。可以先问恐吓者把炸弹放在哪里、什么时候放的。用否定的语气说"不可能吧"，恐吓者可能会把恐吓的内容重复一遍，趁他讲得高兴时可以突然问他"你是谁？"他可能会忘乎所以地说出他的姓名。

2. 恐吓电话的处理

（1）歹徒第一次所打的恐吓电话可能只说一二句话便立即挂断电话，用以达到恐吓的目的，接着会有第二次电话，这时应有机会录音，并应设法延长通话时间，迅速报告保安部门主管或其职务代理人。在此过程中必须把握时间，不得有任何拖延，更不得把信息告知其他任何人，包括隶属主管在内。接听电话者必须明白自己的责任，尽可能把电话记录做好，尽可能从与歹徒的通话中多获得一些可供判断的信息，保持冷静，不恐惧、不惊慌。

(2) 唯一获知接到恐吓电话的人应该是负责餐饮企业安全的主管,他是最能判断状况的人,该通知什么人、不该通知什么人都由他决定。

三、注意防范事项

1. 各部门办公室的门厅随时保持关闭,尽量不在办公室内接待访客,遇有访客到办公室应询明身份,绝对不接受任何人寄存任何物品,或受托转交任何物品。

2. 大堂总台及行李服务处接受转交给房客的包裹或物件时,必须查明委托人身份、转交给何人以及该房客姓名、房号等,由委托人自行填写清楚,并经过查证。

3. 如非在短时间返回,离开办公室时抽屉及经管的橱柜应关好并加锁。

4. 办公室、仓库随时保持整齐清洁,一切公私物件均须放置在一定位置,以利于发现可疑物。如果突然出现不是本部门或不属于本处的可疑物件,切勿移动,应立即报告保安部。

5. 下班后,关门、关窗、关灯。

6. 客房部应严格要求客房服务员在整理房间后,随即将推车推进服务台或储藏室,以保持客房楼层走廊的干净与宽敞。推车在走廊停放时,须随时注意有无异常物品。

7. 房客丢弃的盒、箱或任何包装物,不许放置在客房门口或走廊上,如有发现应立即收拾。

8. 工程部工程人员的工具或工具箱不得任意放置,各楼层机房及管道间均应加锁。

9. 客房部、工程部及清洁工作人员在各地区工作时,保安部、停车场管理人员在巡逻时,均应注意发现可疑物,如有发现应立即通报保安部。

10. 停车场管理人员对车体脏烂、车况不良的汽车应委婉谢绝其进入。

11. 商场部与店铺租用人签订契约时,应将禁止往走道丢弃物品、维护环境整洁的条款加入,并监督承租户认真执行。应请店面租户共同维护安全,随时注意发现可疑物,若有发现随时通知保安部。

12. 宴会厅或其他营业场所出租给厂商展示货品或开展其他活动时，该场所管理人员及工程部、保安部人员对厂商携入展示场地的物件须密切注意监视。

13. 保安人员及车场管理员对各出入口携入的物品须严密监视，必要时予以检查。

思考题

1. 餐厅安全工作包括哪些具体内容？
2. 防火的基本方法有哪些？
3. 你知道餐厅常用灭火器有哪些？简述其主要用法。
4. 如何保证餐厅财产安全？
5. 餐厅用电安全的主要措施有哪些？
6. 餐厅意外安全有哪些情形，如何处置？

第7章 相关法律、法规知识

第1节 《中华人民共和国劳动法》相关知识

为了保护劳动者的合法权益,调整劳动关系,建立和维护适应社会主义市场经济的劳动制度,促进经济发展和社会进步,根据宪法有关规定,《中华人民共和国劳动法》(以下简称《劳动法》)由中华人民共和国第八届全国人民代表大会常务委员会第八次会议于1994年7月5日通过,自1995年1月1日起施行。

在中华人民共和国境内的企业、个体经济组织(以下统称用人单位)和与之形成劳动关系的劳动者,适用本法。国家机关事业组织、社会团体和与之建立劳动合同关系的劳动者,依照本法执行。

劳动者享有平常就业选择职业的权利、取得劳动报酬的权利、休息休假的权利、获得劳动安全卫生保护权利、接受职业技能培训的权利、享受社会保险和福利的权利、提请劳动争议处理的权利以及法律规定的其他劳动权利。劳动者应当完成劳动任务,提高职业技能,执行劳动安全卫生规程,遵守劳动纪律和职业道德。

劳动者有权依法参加和组织工会。工会代表和维护劳动者的合法权益,依法独立自主地开展活动。劳动者依照法律规定,通过职工大会、职工代表大会或者其他形式,参与民主管理或者就保护劳动者合法权益与用人单位进行平等协商。

一、工作时间和休息休假

关于劳动者的工作时间和休息休假,《劳动法》作了以下规定:

1. 国家实行劳动者每日工作时间不超过 8 小时、平均每周工作时间不超过 44 小时的工时制度。

2. 对实行计件工作的劳动者,用人单位应当根据本法第 36 条规定的工时制度合理确定其劳动定额和计件报酬标准。

3. 用人单位应当保证劳动者每周至少休息一日。

4. 企业因生产特点不能实行本法第 36 条、第 38 条规定的,经劳动行政部门批准,可以实行其他工作和休息办法。

5. 用人单位在下列节日期间应当依法安排劳动者休假:元旦、春节、国际劳动节、国庆节,法律、法规规定的其他休假节日。

6. 用人单位由于生产经营需要,经与工会和劳动者协商后可以延长工作时间,一般每日不得超过 1 小时;因特殊原因需要延长工作时间的,在保障劳动者身体健康的条件下延长工作时间每日不得超过 3 小时,但是每月不得超过 36 小时。

7. 有下列情形之一的,延长工作时间不受本法第 41 条的限制:

(1) 发生自然灾害、事故或者因其他原因,威胁劳动者生命健康和财产安全,需要紧急处理的;

(2) 生产设备、交通运输线路、公共设施发生故障,影响生产和公众利益,必须及时抢修的;

(3) 法律、行政法规规定的其他情形。

8. 用人单位不得违反本法规定延长劳动者的工作时间。

9. 有下列情形之一的,用人单位应当按照下列标准支付高于劳动者正常工作时间工资的工资报酬:

(1) 安排劳动者延长工作时间的,支付不低于工资的 50% 的工资报酬;

(2) 休息日安排劳动者工作又不能安排补休的,支付不低于工资的 200% 的工资报酬;

(3) 法定休假日安排劳动者工作的,支付不低于工资的 300% 的工资报酬。

10. 国家实行带薪年休假制度。劳动者连续工作一年以上的,享受带薪年休假。具体办法由国务院规定。

二、工资

关于工资,《劳动法》作了以下规定:

1. 工资分配应当遵循按劳分配原则,实行同工同酬。工资水平在经济发展的基础上逐步提高。国家对工资总量实行宏观调控。

2. 用人单位根据本单位的生产经营特点和经济效益,依法自主确定本单位的工资分配方式和工资水平。

3. 国家实行最低工资保障制度。最低工资的具体标准由省、自治区、直辖市人民政府规定,报国务院备案。用人单位支付劳动者的工资不得低于当地最低工资标准。

4. 确定和调整最低工资标准应当综合参考下列因素:

(1) 劳动者本人及平均赡养人口的最低生活费用;
(2) 社会平均工资水平;
(3) 劳动生产率;
(4) 就业状况;
(5) 地区之间经济发展水平的差异。

5. 工资应当以货币形式按月支付给劳动者本人。不得克扣或者无故拖欠劳动者的工资。

6. 劳动者在法定休假日和婚丧假期间以及依法参加社会活动期间,用人单位应当依法支付工资。

三、劳动安全卫生

关于劳动安全卫生,《劳动法》作了以下规定:

1. 用人单位必须建立、健全劳动安全卫生制度,严格执行国家劳动安全卫生规程和标准,对劳动者进行劳动安全卫生教育,防止劳动过程中的事故,减少职业危害。

2. 劳动安全卫生设施必须符合国家规定的标准。新建、改建、扩建工程的劳动安全卫生设施必须与主体工程同时设计、同时施工、同时投入生产和使用。

3. 用人单位必须为劳动者提供符合国家规定的劳动安全卫生条件和必要的劳动防护用品,对从事有职业危害作业的劳动者应当定期进行健康检查。

4. 从事特种作业的劳动者必须经过专门培训并取得特种作业资格。

5. 劳动者在劳动过程中必须严格遵守安全操作规程。劳动者对用人单位管人员违章指挥、强令冒险作业，有权拒绝执行；对危害生命安全和身体健康的行为，有权提出批评、检举和控告。

6. 国家建立伤亡事故和职业病统计报告和处理制度。县级以上各级人民政府劳动行政部门、有关部门和用人单位应当依法对劳动者在劳动过程中发生的伤亡事故和劳动者的职业病状况，进行统计、报告和处理。

四、女职工和未成年工特殊保护

关于女职工和未成年工特殊保护，《劳动法》作了以下规定：

1. 国家对女职工和未成年工实行特殊劳动保护。未成年工是指年满16周岁未满18周岁的劳动者。

2. 禁止安排女职工从事矿山井下、国家规定的第四级体力劳动强度的劳动和其他禁忌从事的劳动。

3. 不得安排女职工在经期从事高处、低温、冷水作业和国家规定的第三级体力劳动强度的劳动。

4. 不得安排女职工在怀孕期间从事国家规定的第三级体力劳动强度的劳动和孕期禁忌从事的劳动。对怀孕七个月以上的女职工，不得安排其延长工作时间和夜班劳动。

5. 女职工生育享受不少于90天的产假。

6. 不得安排女职工在哺乳未满一周岁的婴儿期间从事国家规定的第三级体力劳动强度的劳动和哺乳期禁忌从事的其他劳动，不得安排其延长工作时间和夜班劳动。

7. 不得安排未成年工从事矿山井下、有毒有害、国家规定的第四级体力劳动强度的劳动和其他禁忌从事的劳动。

8. 用人单位应当对未成年工定期进行健康检查。

五、社会保险和福利

关于劳动者的社会保险和福利，《劳动法》作了以下规定：

1. 国家发展社会保险事业，建立社会保险制度，设立社会保险基金，使劳动者在年老、患病、工伤、失业、生育等情况下获得帮助和补偿。

2. 社会保险水平应当与社会经济发展水平和社会承受能力相适应。

3. 社会保险基金按照保险类型确定资金来源，逐步实行社会统筹。用人单位和劳动者必须依法参加社会保险，缴纳社会保险费。

4. 劳动者在下列情形下，依法享受社会保险待遇：退休、患病、负伤、失业、生育。劳动者死亡后，其遗属依法享受遗属津贴。劳动者享受社会保险待遇的条件和标准由法律、法规规定。劳动者享受的社会保险金必须按时足额支付。

5. 社会保险基金经办机构依照法律规定收支、管理和运营社会保险基金，并负有使社会保险基金保值增值的责任。社会保险基金监督机构依照法律规定，对社会保险基金的收支、管理和运营实施监督。社会保险基金经办机构和社会保险基金监督机构的设立和职能由法律规定。任何组织和个人不得挪用社会保险基金。

6. 国家鼓励用人单位根据本单位实际情况为劳动者建立补充保险。国家提倡劳动者个人进行储蓄性保险。

7. 国家发展社会福利事业，兴建公共福利设施，为劳动者休息、休养和疗养提供条件。用人单位应当创造条件，改善集体福利，提高劳动者的福利待遇。

六、劳动争议

关于劳动争议，《劳动法》作了以下规定：

1. 用人单位与劳动者发生劳动争议，当事人可以依法申请调解、仲裁、提起诉讼，也可以协商解决。调解原则适用于仲裁和诉讼程序。

2. 解决劳动争议，应当根据合法、公正、及时处理的原则，依法维护劳动争议当事人的合法权益。

3. 劳动争议发生后，当事人可以向本单位劳动争议调解委员会申请调解；调解不成，当事人一方要求仲裁的，可以向劳动争议仲裁委员会申请仲裁。当事人一方也可以直接向劳动争议仲裁委员会申请仲裁。对仲裁裁决不服的，可以向人民法院提起诉讼。

4. 在用人单位内，可以设立劳动争议调解委员会。劳动争议调解委员会由职工代表、用人单位代表和工会代表组成。劳动争议调解委员会主任由工会代表担任。劳动争议经调解达成协议的，当事人应当履行。

5. 劳动争议仲裁委员会由劳动行政部门代表、同级工会代表、用人单位方面的代表组成。劳动争议仲裁委员会主任由劳动行政部门代表担任。

6. 提出仲裁要求的一方应当自劳动争议发生之日起60日内向劳动争议仲裁委员会提出书面申请。仲裁裁决一般应在收到仲裁申请的60日内作出。对仲裁裁决无异议的，当事人必须履行。

7. 劳动争议当事人对仲裁裁决不服的，可以自收到仲裁裁决书之日起15日内向人民法院提起诉讼。一方当事人在法定期限内不起诉又不履行仲裁裁决的,另一方当事人可以申请人民法院强制执行。

8. 因签订集体合同发生争议,当事人协商解决不成的,当地人民政府劳动行政部门可以组织有关各方协调处理。因履行集体合同发生争议,当事人协商解决不成的,可以向劳动争议仲裁委员会申请仲裁;对仲裁裁决不服的,可以自收到仲裁裁决书之日起15日内向人民法院提起诉讼。

第2节 《中华人民共和国劳动合同法》相关知识

一、《中华人民共和国劳动合同法》概述

《中华人民共和国劳动合同法》由中华人民共和国第十届全国人民代表大会常务委员会第二十八次会议于2007年6月29日通过,自2008年1月1日起施行。

《中华人民共和国劳动合同法》的立法宗旨是完善劳动合同制度,明确劳动合同双方当事人的权利和义务,保护劳动者的合法权益,构建和发展和谐稳定的劳动关系。

本法律调整的范围包括:中华人民共和国境内的企业、个体经济组织、民办非企业单位等组织(以下称用人单位)与劳动者建立劳动关系,订立、履行、变更、解除或者终止劳动合同,适用本法;国家机关、事业单位、社会团体和与其建立劳动关系的劳动者,订立、履行、变更、解除或者终止劳动合同,依照本法执行;同时,在附则中规定:事业单位与实行聘用制的工作人员订立、履行、变更、解除或者终止劳动合同,法律、行政法规或者国务院另有规定的,依照其规定;未作规定的,依照本法有关规定执行。

用人单位应当依法建立和完善劳动规章制度,保障劳动者享有劳动权利、履行劳动义务。用人单位在制定、修改或者决定有关劳动报酬、工作时间、休息休假、劳动安全卫生、保险福利、职工培训、劳动纪律以及劳动定额管理等直接涉及劳动者切身利益的规章制度或者重大事项时,应当经职工代表大会或者全体职工讨论,提出方案和意见,与工会或者职工代表平等协商确定。在规章制度和重大事项决定实施过程中,工会或者职工认为不适当的,有权向用人单位提出,通过协商予以修

改完善。用人单位应当将直接涉及劳动者切身利益的规章制度和重大事项决定公示，或者告知劳动者。

二、《中华人民共和国劳动合同法》相关法律知识介绍

1. 关于劳动合同关系的建立与书面劳动合同的订立

用人单位自用工之日起即与劳动者建立劳动关系。建立劳动关系，应当订立书面劳动合同。订立劳动合同，应当遵循合法、公平、平等自愿、协商一致、诚实信用的原则。已建立劳动关系，未同时订立书面劳动合同的，应当自用工之日起一个月内订立书面劳动合同。用人单位与劳动者在用工前订立劳动合同的，劳动关系自用工之日起建立。用人单位与劳动者协商一致，可以订立固定期限劳动合同、无固定期限劳动合同和以完成一定工作任务为期限的劳动合同。

劳动合同应当具备以下条款：

（1）用人单位的名称、住所和法定代表人或者主要负责人；

（2）劳动者的姓名、住址和居民身份证或者其他有效身份证件号码；

（3）劳动合同期限；

（4）工作内容和工作地点；

（5）工作时间和休息休假；

（6）劳动报酬；

（7）社会保险；

（8）劳动保护、劳动条件和职业危害防护；

（9）法律、法规规定应当纳入劳动合同的其他事项。

此外，用人单位与劳动者可以约定试用期、培训、保守秘密、补充保险和福利待遇等其他事项。同时，在法律责任中规定：用人单位自用工之日起超过1个月但不满1年未与劳动者订立书面劳动合同的，应当向劳动者每月支付2倍的工资。

2. 关于无固定期限劳动合同

用人单位与劳动者协商一致，可以订立无固定期限劳动合同。有下列情形之一，劳动者提出或者同意续订、订立劳动合同的，除劳动者提出订立固定期限劳动合同外，应当订立无固定期限劳动合同：

（1）劳动者在该用人单位连续工作满十年的；

（2）用人单位初次实行劳动合同制度或者国有企业改制重新订立劳动合同时，劳动者在该用人单位连续工作满十年且距法定退休年龄不足十年的；

(3) 连续订立二次固定期限劳动合同,且劳动者无本法第 39 条和第 40 条第 1 项、第 2 项规定的情形,续订劳动合同的。

用人单位自用工之日起满 1 年不与劳动者订立书面劳动合同的,视为用人单位与劳动者已订立无固定期限劳动合同。同时,在法律责任中规定:用人单位违反本法规定不与劳动者订立无固定期限劳动合同的,自应当订立无固定期限劳动合同之日起向劳动者每月支付 2 倍的工资。

3. 关于试用期

劳动合同期限 3 个月以上不满 1 年的,试用期不得超过 1 个月;劳动合同期限 1 年以上不满 3 年的,试用期不得超过 2 个月;3 年以上固定期限和无固定期限的劳动合同,试用期不得超过 6 个月。同一用人单位与同一劳动者只能约定一次试用期。以完成一定工作任务为期限的劳动合同或者劳动合同期限不满 3 个月的,不得约定试用期。

试用期包含在劳动合同期限内。劳动合同仅约定试用期的,试用期不成立,该期限为劳动合同期限。劳动者在试用期的工资不得低于本单位相同岗位最低档工资或者劳动合同约定工资的 80%,并不得低于用人单位所在地的最低工资标准。

在试用期中,除劳动者有不符合录用条件、有违规违纪违法行为,不能胜任工作等情形外,用人单位不得解除劳动合同。用人单位在试用期解除劳动合同的,应当向劳动者说明理由。同时,在法律责任中规定:用人单位违反本法规定与劳动者约定试用期的,由劳动行政部门责令改正;违法约定的试用期已经履行的,由用人单位以劳动者试用期满月工资为标准,按已经履行的超过法定试用期的期间向劳动者支付赔偿金。

4. 关于劳动合同的履行

用人单位与劳动者应当按照劳动合同的约定,全面履行各自的义务。用人单位应当按照劳动合同约定和国家规定,向劳动者及时足额支付劳动报酬。用人单位拖欠或者未足额支付劳动报酬的,劳动者可以依法向当地人民法院申请支付令;人民法院应当依法发出支付令。

用人单位应当严格执行劳动定额标准,不得强迫或者变相强迫劳动者加班。用人单位安排加班的,应当按照国家有关规定向劳动者支付加班费。劳动者拒绝用人单位管理人员违章指挥、强令冒险作业的,不视为违反劳动合同。

劳动者对危害生命安全和身体健康的劳动条件,有权对用人单位提出批评、检举和控告。国家采取措施,建立健全劳动者社会保险关系跨地区转移接续制度。

5. 关于劳动者可以解除劳动合同情形

用人单位与劳动者协商一致，可以解除劳动合同。劳动者提前30日以书面形式通知用人单位，可以解除劳动合同。劳动者在试用期内提前3日通知用人单位，可以解除劳动合同。

用人单位有下列情形之一的，劳动者可以解除劳动合同：（1）未按照劳动合同约定提供劳动保护或者劳动条件的；（2）未及时足额支付劳动报酬的；（3）未依法为劳动者缴纳社会保险费的；（4）用人单位的规章制度违反法律、法规的规定，损害劳动者合法权益的；（5）因用人单位过错致使劳动合同无效的。

6. 法律、行政法规规定劳动者可以解除劳动合同的其他情形

用人单位以暴力、威胁或者非法限制人身自由的手段强迫劳动者劳动的，或者用人单位违章指挥、强令冒险作业危及劳动者人身安全的，劳动者可以立即解除劳动合同，不需事先告知用人单位。

7. 关于用人单位可以解除劳动合同的情形

用人单位与劳动者协商一致，可以解除劳动合同。劳动者有下列情形之一的，用人单位可以解除劳动合同：

（1）在试用期间被证明不符合录用条件的；

（2）严重违反用人单位的规章制度的；

（3）严重失职，营私舞弊，给用人单位造成重大损害的；

（4）劳动者同时与其他用人单位建立劳动关系，对完成本单位的工作任务造成严重影响，或者经用人单位提出，拒不改正的；

（5）因劳动者过错致使劳动合同无效的；

（6）被依法追究刑事责任的。

有下列情形之一的，用人单位提前30日以书面形式通知劳动者本人或者额外支付劳动者1个月工资后，可以解除劳动合同：

（1）劳动者患病或者非因工负伤，在规定的医疗期满后不能从事原工作，也不能从事由用人单位另行安排的工作的；

（2）劳动者不能胜任工作，经过培训或者调整工作岗位，仍不能胜任工作的；

（3）劳动合同订立时所依据的客观情况发生重大变化，致使劳动合同无法履行，经用人单位与劳动者协商，未能就变更劳动合同内容达成协议的。

第3节 《中华人民共和国食品安全法》相关知识

一、《中华人民共和国食品安全法》概述

为保证食品安全，保障公众身体健康和生命安全，《中华人民共和国食品安全法》已由中华人民共和国第十一届全国人民代表大会常务委员会第七次会议于2009年2月28日通过，现予公布，自2009年6月1日起施行。

在中华人民共和国境内从事下列活动的必须遵守本法，包括：食品生产和加工（以下称食品生产）、食品流通和餐饮服务（以下称食品经营）；食品添加剂的生产经营，用于食品的包装材料、容器、洗涤剂、消毒剂和用于食品生产经营的工具、设备（以下称食品相关产品）的生产经营；食品生产经营者使用食品添加剂；食品添加剂和食品相关产品的安全管理；供食用的源于农业的初级产品（以下称食用农产品）的质量安全管理，遵守《中华人民共和国农产品质量安全法》的规定。但是，制定有关食用农产品的质量安全标准、公布食用农产品安全有关信息，应当遵守本法的有关规定。

二、《中华人民共和国食品安全法》相关法律知识介绍

1. 关于国家建立食品安全风险监测制度

（1）国家建立食品安全风险监测制度，对食源性疾病、食品污染以及食品中的有害因素进行监测。国家建立食品安全风险评估制度，对食品、食品添加剂中生物性、化学性和物理性危害进行风险评估。

（2）国务院卫生行政部门通过食品安全风险监测或者接到举报发现食品可能存在安全隐患的，应当立即组织进行检验和食品安全风险评估。国务院农业行政、质量监督、工商行政管理和国家食品药品监督管理等有关部门应当向国务院卫生行政部门提出食品安全风险评估的建议，并提供有关信息和资料。食品安全风险评估结果是制定、修订食品安全标准和对食品安全实施监督管理的科学依据。对经综合分析表明可能具有较高程度安全风险的食品，国务院卫生行政部门应当及时提出食品安全风险警示，并予以公布。

2. 食品安全标准

制定食品安全标准，应当以保障公众身体健康为宗旨，做到科学合理、安全可靠。食品安全标准是强制执行的标准。除食品安全标准外，不得制定其他的食品强制性标准。食品安全标准应当包括下列内容：

（1）食品、食品相关产品中的致病性微生物、农药残留、兽药残留、重金属、污染物质以及其他危害人体健康物质的限量规定；

（2）食品添加剂的品种、使用范围、用量；

（3）专供婴幼儿和其他特定人群的主辅食品的营养成分要求；

（4）对与食品安全、营养有关的标签、标志、说明书的要求；

（5）食品生产经营过程的卫生要求；

（6）与食品安全有关的质量要求；

（7）食品检验方法与规程；

（8）其他需要制定为食品安全标准的内容。

3. 食品生产经营

（1）食品生产经营应当符合食品安全标准，并符合下列要求：

1）具有与生产经营的食品品种、数量相适应的食品原料处理和食品加工、包装、储存等场所，保持该场所环境整洁，并与有毒、有害场所以及其他污染源保持规定的距离；

2）具有与生产经营的食品品种、数量相适应的生产经营设备或者设施，有相应的消毒、更衣、盥洗、采光、照明、通风、防腐、防尘、防蝇、防鼠、防虫、洗涤以及处理废水、存放垃圾和废弃物的设备或者设施；

3）有食品安全专业技术人员、管理人员和保证食品安全的规章制度；

4）具有合理的设备布局和工艺流程，防止待加工食品与直接入口食品、原料与成品交叉污染，避免食品接触有毒物、不洁物；

5）餐具、饮具和盛放直接入口食品的容器，使用前应当洗净、消毒，炊具、用具用后应当洗净，保持清洁；

6）储存、运输和装卸食品的容器、工具和设备应当安全、无害，保持清洁，防止食品污染，并符合保证食品安全所需的温度等特殊要求，不得将食品与有毒、有害物品一同运输；

7）直接入口的食品应当有小包装或者使用无毒、清洁的包装材料、餐具；

8）食品生产经营人员应当保持个人卫生，生产经营食品时，应当将手洗净，穿戴清洁的工作衣、帽；销售无包装的直接入口食品时，应当使用无毒、清洁的售货工具；

9）用水应当符合国家规定的生活饮用水卫生标准；

10）使用的洗涤剂、消毒剂应当对人体安全、无害；

11）法律、法规规定的其他要求。

(2) 禁止生产经营下列食品：

1）用非食品原料生产的食品或者添加食品添加剂以外的化学物质的食品，或者用回收食品作为原料生产的食品；

2）致病性微生物、农药残留、兽药残留、重金属、污染物质以及其他危害人体健康的物质含量超过食品安全标准限量的食品；

3）营养成分不符合食品安全标准的专供婴幼儿和其他特定人群的主辅食品；

4）腐败变质、油脂酸败、霉变生虫、污秽不洁、混有异物、掺假掺杂或者感官性状异常的食品；

5）病死、毒死或者死因不明的禽、畜、兽、水产动物肉类及其制品；

6）未经动物卫生监督机构检疫或者检疫不合格的肉类，或者未经检验或者检验不合格的肉类制品；

7）被包装材料、容器、运输工具等污染的食品；

8）超过保质期的食品；

9）无标签的预包装食品；

10）国家为防病等特殊需要明令禁止生产经营的食品；

11）其他不符合食品安全标准或者要求的食品。

(3) 预包装食品的包装上应当有标签。标签应当标明下列事项：

1）名称、规格、净含量、生产日期；

2）成分或者配料表；

3）生产者的名称、地址、联系方式；

4）保质期；

5）产品标准代号；

6）储存条件；

7）所使用的食品添加剂在国家标准中的通用名称；

8）生产许可证编号；

9）法律、法规或者食品安全标准规定必须标明的其他事项。

4. 食品检验

食品检验机构按照国家有关认证认可的规定取得资质认定后，方可从事食品检验活动。但是，法律另有规定的除外。食品检验机构的资质认定条件和检验规范，由国务院卫生行政部门规定。本法施行前经国务院有关主管部门批准设立或者经依法认定的食品检验机构，可以依照本法继续从事食品检验活动。

5. 食品安全事故处置

国务院组织制定国家食品安全事故应急预案。县级以上地方人民政府应当根据有关法律、法规的规定和上级人民政府的食品安全事故应急预案以及本地区的实际情况，制定本行政区域的食品安全事故应急预案，并报上一级人民政府备案。食品生产经营企业应当制定食品安全事故处置方案，定期检查本企业各项食品安全防范措施的落实情况，及时消除食品安全事故隐患。

发生食品安全事故的单位应当立即予以处置，防止事故扩大。事故发生单位和接收病人进行治疗的单位应当及时向事故发生地县级卫生行政部门报告。农业行政、质量监督、工商行政管理、食品药品监督管理部门在日常监督管理中发现食品安全事故，或者接到有关食品安全事故的举报，应当立即向卫生行政部门通报。发生重大食品安全事故的，接到报告的县级卫生行政部门应当按照规定向本级人民政府和上级人民政府卫生行政部门报告。县级人民政府和上级人民政府卫生行政部门应当按照规定上报。任何单位或者个人不得对食品安全事故隐瞒、谎报、缓报，不得毁灭有关证据。

调查食品安全事故，除了查明事故单位的责任，还应当查明负有监督管理和认证职责的监督管理部门、认证机构的工作人员失职、渎职情况。

6. 监督管理

县级以上地方人民政府组织本级卫生行政、农业行政、质量监督、工商行政管理、食品药品监督管理部门制订本行政区域的食品安全年度监督管理计划，并按照年度计划组织开展工作。

县级以上质量监督、工商行政管理、食品药品监督管理部门履行各自食品安全监督管理职责，有权采取下列措施：

(1) 进入生产经营场所实施现场检查；

(2) 对生产经营的食品进行抽样检验；

(3) 查阅、复制有关合同、票据、账簿以及其他有关资料；

(4) 查封、扣押有证据证明不符合食品安全标准的食品，违法使用的食品原料、食品添加剂、食品相关产品，以及用于违法生产经营或者被污染的工具、设备；

(5) 查封违法从事食品生产经营活动的场所。

县级以上农业行政部门应当依照农产品质量安全法规定的职责，对食用农产品进行监督管理。

7. 法律责任

违反本法规定，未经许可从事食品生产经营活动，或者未经许可生产食品添加剂的，由有关主管部门按照各自职责分工，没收违法所得、违法生产经营的食品，以及食品添加剂和用于违法生产经营的工具、设备、原料等物品；违法生产经营的食品、食品添加剂货值金额不足1万元的，并处2千元以上5万元以下罚款；货值金额1万元以上的，并处货值金额5倍以上10倍以下罚款。

第4节 《中华人民共和国合同法》相关知识

为了保护合同当事人的合法权益，维护社会经济秩序，促进社会主义现代化建设，《中华人民共和国合同法》于1999年3月15日，经第九届全国人民代表大会第二次会议审议通过并公布实施。

本法所称合同是平等主体的自然人、法人、其他组织之间设立、变更、终止民事权利义务关系的协议。婚姻、收养、监护等有关身份关系的协议，适用其他法律的规定。

合同当事人的法律地位平等，一方不得将自己的意志强加给另一方。当事人依法享有自愿订立合同的权利，任何单位和个人不得非法干预。

当事人应当遵循公平原则确定各方的权利和义务。当事人行使权利、履行义务应当遵循诚实信用原则。

当事人订立、履行合同，应当遵守法律、行政法规，尊重社会公德，不得扰乱社会经济秩序，损害社会公共利益。依法成立的合同，对当事人具有法律约束力。

当事人应当按照约定履行自己的义务，不得擅自变更或者解除合同。依法成立的合同，受法律保护。

第5节 《中华人民共和国消防法》相关知识

为了预防火灾和减少火灾危害，保护公民人身、公共财产和公民财产的安全，维护公共安全，保障社会主义现代化建设的顺利进行，《中华人民共和国消防法》于1998年4月29日，经第九届全国人民代表大会常务委员会第二次会议通过并公布实施。

消防工作贯彻预防为主、防消结合的方针，坚持专门机关与群众相结合的原则，实行防火安全责任制。

消防工作由国务院领导，由地方各级人民政府负责。各级人民政府应当将消防工作纳入国民经济和社会发展计划，保障消防工作与经济建设和社会发展相适应。

国务院公安部门对全国的消防工作实施监督管理，县级以上地方各级人民政府公安机关对本行政区域内的消防工作实施监督管理，并由本级人民政府公安机关消防机构负责实施。军事设施、矿井地下部分、核电厂的消防工作，由其主管单位监督管理。森林、草原的消防工作，法律、行政法规另有规定的，从其规定。

任何单位、个人都有维护消防安全、保护消防设施、预防火灾、报告火警的义务。任何单位、成年公民都有参加有组织的灭火工作的义务。

各级人民政府应当经常进行消防宣传教育，提高公民的消防意识。教育、劳动等行政主管部门应当将消防知识纳入教学、培训内容。新闻、出版、广播、电影、电视等有关主管部门，有进行消防安全宣传教育的义务。对在消防工作中有突出贡献或者成绩显著的单位和个人，应当予以奖励。

第6节 《中华人民共和国消费者权益保护法》相关知识

为保护消费者的合法权益，维护社会经济秩序，促进社会主义市场经济健康发展，《中华人民共和国消费者权益保护法》于1993年10月31日，经第八届全国人民代表大会常务委员会第四次会议审议通过并公布实施。

消费者为生活消费需要购买、使用商品或者接受服务，其权益受本法保护；本法未作规定的，受其他有关法律、法规保护。

经营者为消费者提供其生产、销售的商品或者提供服务，应当遵守本法；本法未作规定的，应当遵守其他有关法律、法规。

经营者与消费者进行交易，应当遵循自愿、平等、公平、诚实信用的原则。

国家保护消费者的合法权益不受侵害。国家采取措施，保障消费者依法行使权利，维护消费者的合法权益。

保护消费者的合法权益是全社会的共同责任。国家鼓励、支持一切组织和个人对损害消费者合法权益的行为进行社会监督。大众传播媒介应当做好维护消费者合法权益的宣传，对损害消费者合法权益的行为进行舆论监督。

思考题

1. 简述我国劳动法对员工的休息时间和休假规定。
2. 《中华人民共和国劳动法》在劳动安全卫生方面作了哪些规定？
3. 简述我国食品卫生监督制度的主要组成内容。
4. 经营者与消费者进行交易应该遵循哪些原则？